高倉健の想いがつないだ人々の証言
「私の八月十五日」

今人舎
IMAJINSHA

日本が戦争に負けたらしいばい！

その日、学徒動員でさせられていた貨車から石炭を降《お》ろす仕事は、
何故《なぜ》か休みだった。
同級生に寺の住職《じゅうしょく》の息子《むすこ》がいて、寺の近くの池が、格好《かっこう》の遊び場になっていた。
僕《ぼく》は黒の金吊《きんつ》り（当時の水泳用の褌《ふんどし》）を穿《は》いて、久《ひさ》しぶりの休みに、
友達五、六人とその池で遊んでいた。
昼頃《ごろ》、別の友達が「天皇陛下《てんのうへいか》の放送があるらしいばい」と、僕らを呼《よ》びにきた。
全員で寺へ走っていくと、ラジオから雑音《ざつおん》だらけの音声が流れていて、
大人たちの何人かが泣いていた。
僕には、何を云《い》ってるんだか聞き取れなかった。
友達が言った。
「日本が戦争に負けたらしいばい」

日本が戦争に負けたらしいばい！

「えー、降参《こうさん》したとな？」

その後何度となく味わった、人生が変わる一瞬《いっしゅん》。

諸行《しょぎょう》無常《むじょう》。

この時が、初めての経《けい》験《けん》だったような気がする。

（八月十五日を十四歳《さい》、福岡《ふくおか》県遠賀《おんが》郡香月《かつき》で迎《むか》えました）

T.Chiba'06.12

日本が戦争に負けたらしいばい！

絵／ちばてつや
『私の八月十五日②戦後七十年の肉声』（今人舎刊）より

まえがき

映画俳優《えいがはいゆう》高倉健《たかくらけん》が二〇一四年十一月に他界して、早五年が過《す》ぎました。享年《きょうねん》八十三。一九五六年に二十五歳《さい》で主演《しゅえん》デビュー以来、映画俳優として歩んだ五十八年間で、海外作品四本を含《ふく》め二〇五本の映画に出演《しゅつえん》し、二〇一三年、映画俳優として初めての文化勲章《くんしょう》受章者となりました。

高倉は二〇〇六年、当時日本漫画家《まんがか》協会の理事であり、「私の八月十五日の会」の発起人のお一人、漫画家の森田拳次《もりたけんじ》様から、一九四五年八月十五日、「終戦の日」の記憶《きおく》を綴《つづ》ってほしいという依頼《いらい》のお手紙をいただきました。

高倉が語り、わたくしが書き起こす形で進めました。「負けたらしいばい！」と、ふだんの会話では聞かれない方言混《ま》じりの言葉に、少年時代の高倉を垣間《かいま》見るような気がいたしました。十四歳、故郷福岡《こきょうふくおか》県で迎《むか》えた終戦の日の証言《しょうげん》を森田様へお送りしましたところ、「日本が戦争に負けたらしいばい！」というタイトルをつけてくださいました。それが、冒頭《ぼうとう》の文章です。

この高倉のエピソードに、漫画家のちばてつや様が絵を描《か》いてくださいました。

「黒の金吊《きんつ》りだから、僕《ぼく》はこれだね」「そうそう、このときは真夏だからね、外がすごく暑くてカンカン照りだったけど、（寺の）お堂の中はほんとにこんな感じ。薄暗《うすぐら》いんだね、すごく対照的だったなぁ」と、少年の頃《ころ》に引き戻《もど》されているようでした。絵とエピソードが組み合わされたものを額《がく》に入れ、自宅《じたく》の壁《かべ》に飾《かざ》りました。

このあと高倉は、折に触《ふ》れ、戦時中の話をしてくれるようになりました。

「戦争中、学校行くと毎日教官に殴《なぐ》られたんだよ。そのころ、〝教練〟ていうのが必《ひっ》須《す》科目になってて、退役《たいえき》軍人が学校に教官として派遣《はけん》されてた。和文のモールス信号とか手旗信号なんかも習わされてね。出来が悪いと竹刀《しない》や素手《すで》で殴られる。自分が悪くなくたって、連隊責任《せきにん》で横一列に並《なら》ばされて。ある日、殴ってた教官が、僕の隣《となり》の生徒を殴ってふらついたのを見て、僕がクスッと笑ったもんだから、そのあともうぼこぼこにされた。もうね、それこそ大人の憂《う》さ晴らしとしか思えなかった。本当に、嫌《いや》んなった」

また、学徒勤労《きんろう》動員については、

「（福岡《ふくおか》県北九州《きたきゅうしゅう》市）八幡製鉄所《やはたせいてつしょ》の近くで作業させられてた時、空襲警報《くうしゅうけいほう》が鳴ったんだよ。最初のうちは怖《こわ》かったから、警報が鳴るたびに炭鉱《たんこう》の斜坑《しゃこう》に逃《に》げ込《こ》んだけど、だんだん慣《な》れてきちゃって。ある日、警報が鳴らされても、そのまま作業続けてたら、ロッキードP38が近づいてきて、機銃掃射《きじゅうそうしゃ》を受けた。それまで聞いたことのない、ものすごい轟音《ごうおん》。この時は、怖《こわ》いって思う間もなく、反射的《はんしゃてき》に走ってた。パイロットの顔、はっきりと見えたんだよ。子どもら全員、近くの橋の下に逃げて、死んだのは一人もいなかったから、こうやって話せるけど。あの時は誰《だれ》が死んでいてもおかしくなかった。広島《ひろしま》の原爆《げんばく》のあと、狙《ねら》われたのは八幡だったらしい。兵器工場もあったからね。当日、たまたま視界《しかい》不良で長崎《ながさき》になったけれど、考えてみたら、僕《ぼく》は死んでたかもしれないんだ」（『高倉健《たかくらけん》、その愛。』文藝春秋刊）と、話してくれました。

戦争体験を経《へ》て、なお生かされていることの不思議。その時味わった人生の不条理《ふじょうり》や、命の儚《はかな》さと強さをバネに、映画俳優《えいがはいゆう》高倉健《たかくらけん》を貫《つらぬ》いたように思います。

戦争をテーマにした主な出演《しゅつえん》作品には、東映《とうえい》時代では『ジェット機出動　第一〇一航空基地《きち》』（一九五七年）、『いれずみ突撃隊《とつげきたい》』（一九六四年）、初めてのハリウッド出演作『燃《も》える戦場』（一九七〇年）などがありました。東映を独立《どくりつ》してからは、大ヒットを記録した『八甲田山《はっこうださん》』（一九七七年）や『動乱《どうらん》』（一九八〇年）。そして、珍《めずら》しく企《き》画《かく》の立ち上げに関わりましたのが『ホタル』（二〇〇一年）。生き残った元特攻《とっこう》隊員の人生を描《えが》いた作品でした。世紀の変わり目に、俳優という生業《なりわい》を通して伝え残さなければならないものがある。高倉は、自身のその思いに突《つ》き動かされたのです。

二〇一四年八月、高倉は自宅《じたく》の居間《いま》で、自著《じちょ》「日本が戦争に負けたらしいばい」の朗読《ろうどく》に臨《のぞ》みました。「私の八月十五日の会」の趣旨《しゅし》を引き継《つ》ぎ、「終戦の日」の記憶《きおく》の書籍《しょせき》化と、著者の肉声の収録《しゅうろく》を始めた８・１５朗読・収録プロジェクト実行委員会（今《いま》人舎《じんしゃ》）の依頼《いらい》を受けたからでした。わたくしが、MD《エムディー》レコーダーの録音ボタンを押《お》し、高倉にお始めくださいと手でサインを送りました。遠くで聞こえる野鳥の鳴き声が録音されるほどの静けさの中、六十九年前の小田少年の終戦体験が語られました。高倉が亡《な》くなる三ケ月前のことでした。今人舎様の「音筆《おんぴつ》」にて、その時の高倉の声をお聴《き》きいただけます（音筆《おんぴつ》は非《ひ》売品）。

今人舎様からは、折に触《ふ》れて活動報告《ほうこく》をいただいており、二〇一九年八月には、翌《よく》年《ねん》の戦後七十五年にあわせて書籍《しょせき》『私の八月十五日・平和祈念《きねん》総集編』を刊行《かんこう》するための資金募集《しきんぼしゅう》がありました。わたくしは、何かお役に立てることはないかと考えました。そして、高倉の平和への想いをつなぐため、高倉と縁《えん》のある方々から終戦の日の記憶《きおく》を聞き取り、原稿《げんこう》に起こしたものをお役立ていただけないかと申し出たのです。

戦後七十五年。終戦の日を語れる方々は、もう多くはいらっしゃいません。この国の存続《そんぞく》の為《ため》、たった一つの命を捧《ささ》げなければならなかった方々、残されたご家族の忍《にん》耐《たい》の上に、今日《こんにち》の平和な日常《にちじょう》があることを、今一度心に刻《きざ》むべきと思いました。

表紙絵や挿絵《さしえ》をお描《か》きくださいましたのは、元フジテレビ美術《びじゅつ》部の梅田正則《うめだまさのり》様です。高倉が出演《しゅつえん》したテレビドラマ『これから～海辺の旅人たち～』（一九九三）からの長いお付き合いでした。高倉宛《あ》てに近況《きんきょう》をお知らせくださる手紙には、いつも細部まで描《か》き込《こ》まれたペン画の挿絵《さしえ》が添《そ》えてありました。高倉亡《な》き後、そのご縁《えん》をわたくしが引

まえがき

き継《つ》がせていただき、今回の協力をお願いし、ご快諾《かいだく》いただけました。

また、北海道《ほっかいどう》札幌《さっぽろ》市在住《ざいじゅう》の箕浦尚美《みのうらなおみ》様は、証言者《しょうげんしゃ》への思いを絵手紙に託《たく》してお寄《よ》せくださいました。高倉が出演したＮＨＫドラマ『チロルの挽歌《ばんか》』（一九九二）の北海道ロケで知り合ってから、長く交流がございました。北海道の証言者様のご紹介《しょうかい》や、インタビューにもお力添《ぞ》えをいただきました。

インタビューを終えて感じましたのは、理不尽《りふじん》な時代を生き抜《ぬ》かれたたくましさと、笑顔《えがお》を絶《た》やさぬ明るさ、その生きる力です。この本が、お読みくださる方々に心通うものとして届《とど》くことを願ってやみません。

ご協力くださいましたすべての方々に感謝《かんしゃ》申し上げます。

どうもありがとうございました。

二〇二〇年初夏

高倉健《たかくらけん》（本名　小田剛一《ごういち》）養女

株式会社高倉プロモーション代表取締役《とりしまりやく》

小田貴月《おだたか》

もくじ

高倉健《たかくらけん》

日本が戦争に負けたらしいばい！

もくじ

※カッコ内は令和二（二〇二〇）年六月時点の年齢《ねんれい》。

「八月十五日」を迎《むか》えた場所

この本に証言《しょうげん》を寄《よ》せてくださった方々が、終戦の日「昭和二十年八月十五日」を迎《むか》えた場所の地図。地名表記は当時のもの。

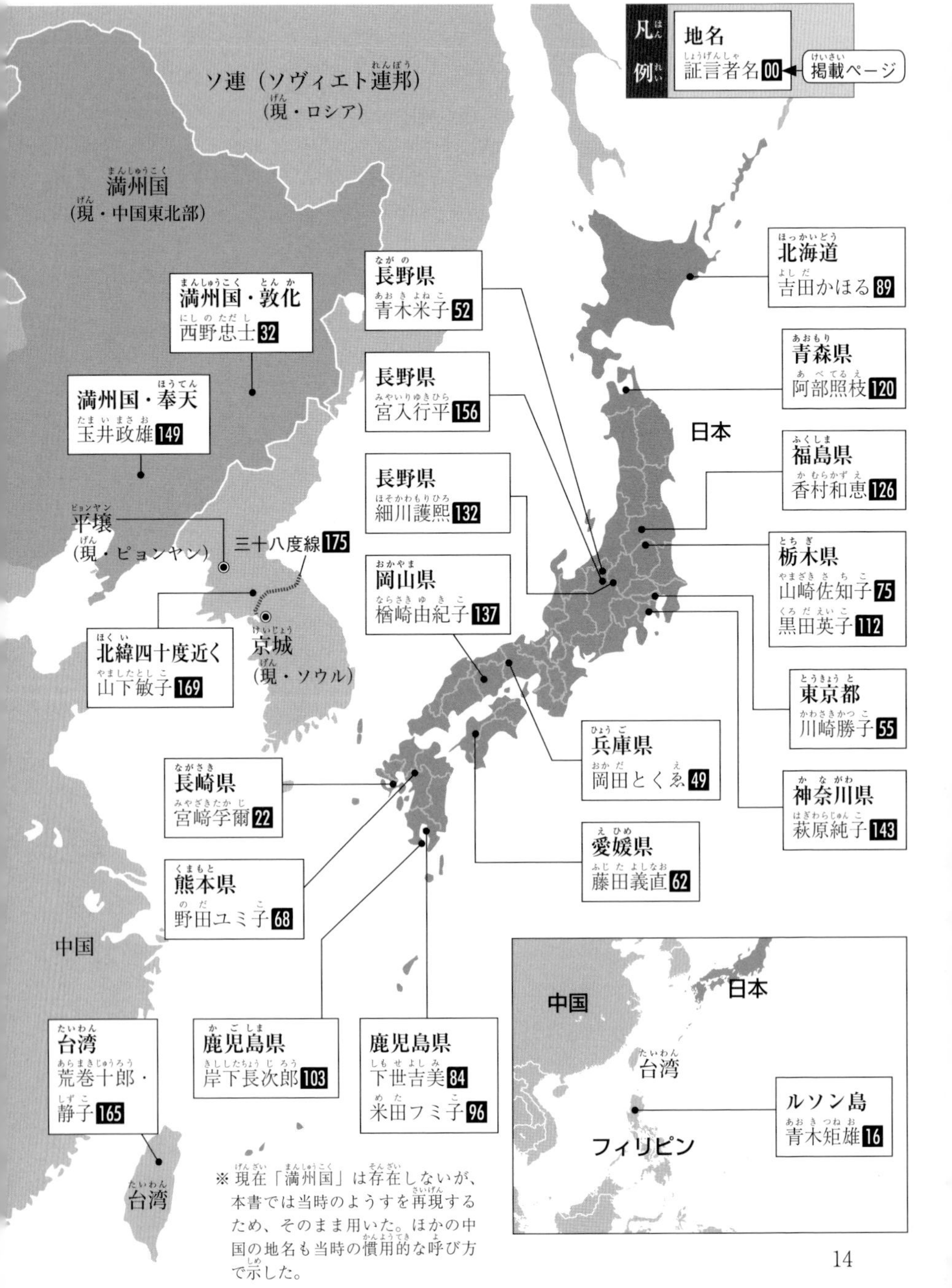

※現在《げんざい》「満州国《まんしゅうこく》」は存在《そんざい》しないが、本書では当時のようすを再現《さいげん》するため、そのまま用いた。ほかの中国の地名も当時の慣用的《かんようてき》な呼び方で示《しめ》した。

この本は、高倉健《たかくらけん》とのご縁《えん》を辿《たど》り、そしてわたくしの縁《えん》を紡《つむ》ぎながら、昭和二十（一九四五）年八月十五日終戦の日、二歳《さい》十ケ月から二十六歳であった方々の記憶《きおく》をまとめさせていただいたものです。

わたくしが聞き書きをさせていただいたもののほか、証言者《しょうげんしゃ》本人がご執筆《しっぴつ》くださいましたもの、お父様やお母様から聞かれていたお話をご親族が綴《つづ》ってくださったものなど、あわせて二十三組二十四名の方々の証言を、一冊《いっさつ》の本として編《あ》ませていただくことができました。

証言のはじめに、その方と高倉健、あるいはわたくしとのご縁《えん》について文を添《そ》えました。

小田貴月《おだたか》

※本文中の＊印のついた言葉は、各証言《しょうげん》の最後に説明しています。

1　青《あお》木《き》矩《つね》雄《お》

大正八（一九一九）年二月二十六日生まれ　一〇一歳《さい》

この本の最高齢《さいこうれい》の証言者《しょうげんしゃ》、青木矩雄《あおきつねお》様は、令和二（二〇二〇）年三月まで日本郵便《ゆうびん》北海道《ほっかいどう》支店《してん》の手紙文化振興専門役《しんこうせんもんやく》でいらした、青木一夫《あおきかずお》様のお父様《とうさま》です。

高倉《たかくら》と長年交流がありました、北海道札幌《さっぽろ》市在住《ざいじゅう》の箕浦尚美《みのうらなおみ》様（本書に絵手紙↓42ページを寄《よ》せてくださった）からご縁《えん》をいただきました。

雪が降《ふ》りしきる令和元年十一月、入所中の特別養護《ようご》老人ホームの談話室で、奥《おく》様、次女・和子《かずこ》様、長男・一夫様に同席していただきお話を伺《うかが》いました。

手書きのご署名《しょめい》に、青木様の生命力を感じないではいられませんでした。

本の完成を楽しみにお待ちいただいておりましたが、令和二年五月十八日、ご家族に見守られながら天寿《てんじゅ》を全《まっと》うされました。享年《きょうねん》一〇一。合掌《がっしょう》。

マニラ湾《わん》で見た夕日

私は、長野《ながの》県中野《なかの》市壁田《へきだ》に生まれました。地元の*尋常《じんじょう》高等小学校を卒業後、東京《とうきょう》都文京区の出版《しゅっぱん》会社に就職《しゅうしょく》。昭和十二（一九三七）年の日中戦争開戦後の昭和十四年、*徴兵検査《ちょうへいけんさ》で第一乙種《おつしゅ》の判定《はんてい》を受け、千葉《ちば》陸軍病院に、医療《いりょう》に関する任務《にんむ》を行う衛生兵《えいせいへい》として軍役《ぐんえき》に就《つ》きました。

昭和十六年に太平洋戦争が勃発《ぼっぱつ》。十八年十二月に、フィリピンへの勤務《きんむ》命令が下りました。以前から海外への興味《きょうみ》があったことから快諾《かいだく》し、宇品《うじな》港（現・広島《ひろしま》港）から民領丸《みんりょうまる》という徴用輸送船《ちょうようゆそうせん》に乗船しました。同乗者は民間人の女性《じょせい》を含《ふく》め五、六人で、兵隊は私一人きりでした。下関《しものせき》で船団《せんだん》を組み、海軍駆逐艦《くちくかん》による護衛《ごえい》を受けながらフィリピンはルソン島・マニラまで三週間。到着《とうちゃく》後、まず、現地《げんち》の暑さが体にこたえました。

勤務先《きんむさき》の「第六鉄道輸送指令部医務室《いむしつ》」は、「ファーレスタン総合《そうごう》大学」構内《こうない》にあって「鉄道管理局」と共用していました。一階奥《おく》の部屋が医務室《いむしつ》。蛍光灯《けいこうとう》が何と明るく感じられたことか。*米軍の残していったものと知り、日本との文化水準《すいじゅん》の違《ちが》いに驚《おどろ》かされました。医務室には軍医不在《ふざい》のため、衛生《えいせい》下士官として一人で傷病兵《しょうびょうへい》の面倒《めんどう》を診《み》ることになりました。現地《げんち》フィリピン人の女子大学生、ヘレンさんとテレサさんが看護婦《かんごふ》として協力してくれました。

戦局は悪化し、マニラでは昭和十九年十月頃《ごろ》から米軍の空襲《くうしゅう》が激《はげ》しくなったため、部隊は十二月にルソン島北部の山岳《さんがく》地帯に移動《いどう》。爆撃《ばくげき》とマラリア（↓29ページ）で多くの戦友たちが亡《な》くなりました。

昭和二十年の初め頃、最前線に薬を届《とど》ける任務《にんむ》にあたった時のことです。負傷者《ふしょうしゃ》のことを思うと、安全地帯を遠回りしている猶予《ゆうよ》はないと判断《はんだん》し、ジャングルの中の草原を突《つ》っ切ろうと走り始めました。ところが、草原の中ほどにさしかかった時、草に覆《おお》われた穴《あな》に滑《すべ》り落ち、その瞬間《しゅんかん》、頭上をバーンという音とともに銃弾《じゅうだん》が飛んでいったのです。予期せぬ命拾いでした。

最後の砦《とりで》を死守するため、最前線に配置されていた二十年七月のある日、米軍の攻撃《こうげき》が突然《とつぜん》止みました。米軍基地《きち》には人の気配もありません。少しして、キアンガンの陣中《じんちゅう》で日本が負けたことを知らされました。あ然として、頭が真っ白になりました。それが、八月十五日のことでした。米軍は、いち早く日本の敗北を知り、撤退《てったい》していたのです。

本国から投降《とうこう》命令が届いたのはその二、三日後で、日本兵はモンテンルパに集結し、米軍の捕虜《ほりょ》となりました。私は、心の中で「あぁ、命が助かった」と思いました。

その後の米軍での捕虜生活は、とても人道的なものでした。花壇《かだん》の手入れや草取りをしながら、米軍人の食事で余《あま》ったピザやステーキを食べさせてもらうこともできました。英語も教えてもらえました。戦いのない、平和な時の幸福感に包まれました。フィリピンに来て以来初めて見たマニラ湾《わん》の美しい夕陽は、今も忘《わす》れることができません。「戦争ほど愚《おろ》かなものはない」と感じた瞬間《しゅんかん》でした。

そして、昭和二十一年十二月、マニラから名古屋《なごや》に*復員《ふくいん》し、故郷《こきょう》に戻《もど》りました。出迎《でむか》えてくれた母が、手を振《ふ》る我《わ》が子に気づけなかったほど、色白で華奢《きゃしゃ》だった私は真黒に日焼けしてまるまる太って帰って来たのでした。私は故郷でマラリア（→29ページ）の治療《ちりょう》を受けながら、平和の有難《ありがた》さをしみじみと噛《か》みしめました。フィリピン人のヘレンさんやテレサさんのチャーミングな笑顔《えがお》を、今でも時折懐《なつ》かしく思い出します。

（八月十五日を二十六歳《さい》、フィリピン・ルソン島で迎《むか》えました）

青木矩雄

令和元年十一月、北海道《ほっかいどう》札幌《さっぽろ》市内にて撮影《さつえい》。

＊尋常《じんじょう》高等小学校：今の小学校にあたる尋常小学校卒業者に、さらに程度《ていど》の高い初等教育をほどこすことを目的とする学校。義務《ぎむ》ではない。明治十九年の設置《せっち》当時は四年、のちに二年となった。高等科とも呼《よ》ばれた。

＊徴兵検査《ちょうへいけんさ》：一定の年齢《ねんれい》に達した者を対象に、兵役《へいえき》につくのにふさわしいかどうかを検査するもの。

＊米軍の残して〜：米軍はアメリカ軍のこと。フィリピンは一五七一年以来スペイン、一九〇〇年前後よりアメリカが統治《とうち》したが、太平洋戦争開戦後の一九四二年一月、東南アジアへ進出する日本軍が首都マニラを占領《せんりょう》した。

＊復員《ふくいん》：軍隊の体制《たいせい》を「戦時」から「平時」に戻《もど》して、兵を軍務《ぐんむ》から解《と》くこと。また、兵が帰郷《ききょう》すること。

2 宮崎孚爾《みやざきたかじ》

大正十二（一九二三）年七月三日生まれ　九十六歳《さい》

宮崎孚爾《みやざきたかじ》様は、高倉《たかくら》の出演《しゅつえん》遺作《いさく》となった映画《えいが》『あなたへ』の撮影《さつえい》時おせわになりました、長崎《ながさき》県平戸《ひらど》市の観光課・藤田法恵《ふじたのりえ》様にご紹介《しょうかい》いただきました。

令和二（二〇二〇）年三月末、現地《げんち》平戸にてお話を伺《うかが》う予定でしたが、新型コロナウイルスの感染《かんせん》拡大《かくだい》に鑑《かんが》み、電話取材に切り替《か》えました。

以前は、まわりに戦争体験者が大勢《おおぜい》いらっしゃったので、戦争について語ることは遠慮《えんりょ》なさっていたそうですが、ここ数年、「いよいよみなさん、亡《な》くなられてしまいました」と、依頼《いらい》に応《おう》じて、戦争体験を語られていると伺いました。

九十六歳《さい》、元気の源《みなもと》は、何でもご自身でなさること。畑作業を続けておられ、毎日の晩酌《ばんしゃく》が楽しみだそうです。

宮﨑孚爾

名前に守られ、生かされた

私は、三女三男の次男として、長崎《ながさき》県平戸《ひらど》に生まれました。物心ついた時、日本は軍国主義《しゅぎ》一色でした。

家の跡取《あとと》りは長男と決められていた時代で、「孚爾《たかじ》は次男だし、兵隊に行くのもよかね！」と親に言われて育ちました。十五歳《さい》で、海軍航空兵の試験を受けましたが、試験前にひいた風邪《かぜ》が治りきらず不合格となりました。その後、三年間航空機修理《しゅうり》工場で働き、十八歳で改めて海軍に志願《しがん》し合格しました。

入隊日は、昭和十七（一九四二）年一月十日でした。ひと月前に太平洋戦争が始まっていたので、戦場に行くとなれば、〝命はなかばいね。死にに行くもんたいね〟と覚悟《かくご》しました。四ケ月間の新兵訓練を無事終え、海軍防備《ぼうび》隊に配属《はいぞく》されました。大砲《たいほう》二本を備《そな》えた沿岸警備《えんがんけいび》船に七、八十人が乗船しました。動力は蒸気《じょうき》タービンで、燃料《ねんりょう》の石炭くべが最初の役目でした。船が揺《ゆ》れ動く中、バランスをとりながら、スコップにすくった石炭を釜《かま》の口めがけてパラっと投げ入れました。

　その後、海軍の「佐《さ》世《せ》保《ぼ》鎮《ちん》守《じゅ》府《ふ》第六特別陸戦隊」に選ばれ、昭和十七年九月、民間から徴用《ちょうよう》した大きな貨物船に乗り、担架《たんか》隊員としてソロモン諸島《しょとう》ブーゲンビル島（現《げん》・パプアニューギニア）に向け出港しました。乗員は八〇〇～九〇〇人ほどで、私は最年少の一人でした。独身《どくしん》の私の身に何があっても、父は病気で亡《な》くなっており、残してきた母一人が泣けば済《す》むと思えましたが、乗員の多くは、*赤紙《あかがみ》で召集《しょうしゅう》された方たちでした。故郷《こきょう》に残した妻《つま》や子ども、戦地に赴《おもむ》く兵士双《そう》方《ほう》を気の毒《どく》に思わないではいられませんでした。

　出港して二、三日経《た》った深夜、赤道付近で船が動きを止めました。船内の緊張《きんちょう》感《かん》が一気に高まりました。米軍の潜水艦《せんすいかん》の*ソナーに探知《たんち》されないよう、エンジンを止めたのです。その後、船は再《ふたた》び動き出し、ラバウル基地《きち》を経由して、無事にブーゲンビル島ブインに上陸しました。

　その島では、現地《げんち》の人々が兵舎《へいしゃ》を作る作業を手伝ってくれました。片言《かたこと》ながら土地の言葉を学んで身振《みぶ》り手振りを交え、和《なご》やかなやり取りができました。彼《かれ》らはヤシの木の下に高床《たかゆか》式住居《じゅうきょ》を構《かま》え、長男が生まれるとヤシの苗木《なえぎ》を植えるのだそうです。その木の成長が子どもの年齢《ねんれい》を指し、太陽の位置で時間を計っていました。主食はタロイモでした。

その平穏《へいおん》は、一週間後に破《やぶ》られました。米軍の空襲《くうしゅう》が始まったのです。医務隊《いむたい》は、看護兵《かんごへい》（海軍での衛生兵《えいせいへい》の呼《よ》び名）と私が属《ぞく》している担架隊員（全員が機関兵で構成《こうせい》）、各二十五名ずつ五十名ほどで構成されており、二つの天幕《てんまく》に分かれていました。軍医三人と看護兵全てがいた天幕に爆弾《ばくだん》が直撃《ちょくげき》して、全員亡《な》くなり、もう一つの天幕にいた私たち担架隊員の生存者《せいぞんしゃ》は十一名のみでした。さらに、爆弾《ばくだん》による火災《かさい》は除毒《じょどく》用として持ち込《こ》んでいた大量の*晒粉《さらしこ》に引火して燃《も》え広がり、まるでこの世の地獄《じごく》を思わせました。

日本軍と米軍の空中戦も激《はげ》しくなり、夜間の空襲も増《ふ》えました。雨の降《ふ》る日もお構《かま》いなしです。厚《あつ》い雲に覆《おお》われて姿《すがた》の見えない敵機《てっき》から、雨粒《あまつぶ》のように降り注がれる銃弾《じゅうだん》は、ただただ恐《おそ》ろしいばかりでした。

昭和十八年四月十八日、連合艦隊《かんたい》司令長官＊山本五十六《やまもといそろく》大将《たいしょう》が前線視察《しさつ》をなさるとの報《しら》せを受け、前日から迎《むか》えの準備《じゅんび》を整えていました。ところが、予定の時間を過《す》ぎても長官が姿《すがた》をお見せにならず、ほどなく、長官搭乗機《とうじょうき》墜落《ついらく》の報《しら》せが入りました。捜索隊《そうさくたい》が密林《みつりん》で発見した機体は、前半部分が焼失し、すでに炭化した操縦士《そうじゅうし》二人と、同乗の軍医の死亡《しぼう》が確認《かくにん》されました。

司令長官はカーキ色の第三種軍装《ぐんそう》姿《すがた》で、機内に座《すわ》られたまま、体の前に置かれた軍刀につっぷしておられました。お体の損傷《そんしょう》はまったくなく、お顔もきれいなままで、こめかみ付近からの被弾《ひだん》が致命傷《ちめいしょう》のようでした。

翌日《よくじつ》、私を含《ふく》めた担架隊《たんかたい》四人でご遺体《いたい》を海岸まで運び、海軍の船に収容《しゅうよう》しました。生涯《しょうがい》、忘《わす》れられない出来事となりました。

その後、急に物資《ぶっし》が不足していきました。褌《ふんどし》の替《か》えは辛《かろ》うじてあるものの、着の身着のまま、ブーゲンビル島を後にしたのは、その年の十二月。このとき二十～

三十人で乗り込《こ》んだ船は、軍艦《ぐんかん》ではなく徴用《ちょうよう》された商船でした。護衛艦《ごえいかん》もなく反《はん》撃《げき》もできない丸腰《まるごし》の商船に向け、米軍の空爆《くうばく》はひっきりなしに続き、私も赤道付近で首の後ろなど複数《ふくすう》ケ所を負傷《ふしょう》しましたが、船内のただ一人の医者は重傷者《じゅうしょうしゃ》にかかりきりでした。私は、銃弾《じゅうだん》の傷《きず》は軽いものの、爆風《ばくふう》の衝撃《しょうげき》からかひどい腹痛《ふくつう》に襲《おそ》われ、少しもじっとしていられず、船の中をただぐるぐると歩き回って痛《いた》みを紛《まぎ》らわせました。船底に近い食堂の床《ゆか》に腹《はら》ばいになり、両側から扇風機《せんぷうき》の風を当て、とにかく腹の熱を冷ましたことを覚《おぼ》えています。

帰国後は、横須賀《よこすか》の海軍工機学校で機関術《じゅつ》や造船《ぞうせん》術を学びました。翌年《よくねん》四月に卒業後、今度は広島《ひろしま》県大竹《おおたけ》海軍潜水《せんすい》学校に移《うつ》りましたが、数日と経《た》たないうちに寒気と震《ふる》えが起こり、治まったかと思うと、今度は四十度近い高熱が出ました。*マラリアでした。マラリアの治療《ちりょう》経験などなかったであろう若《わか》い医者の指示《しじ》で、私はすぐに古巣《ふるす》・佐世保鎮守府《させほちんじゅふ》の大村海軍航空隊へ移《うつ》されました。

当時、戦闘機搭乗員《せんとうきとうじょういん》の養成は急務《きゅうむ》で、激《はげ》しい空中戦を想定した訓練は、急上《じょう》昇《しょう》、急降下《こうか》が繰《く》り返され、墜落《ついらく》すれば即死《そくし》でした。私は救命艇《きゅうめいてい》機関長として訓練兵の遺体《いたい》や機体の残骸《ざんがい》を引き上げながら、やりきれなさが募《つの》りました。

昭和二十年八月十五日、終戦は上官から告げられました。とうとう負けたか……と、力が抜《ぬ》けました。

従軍《じゅうぐん》の日々、そこには、いくつもの生死の分かれ目が横たわっていました。私の名前、孚爾《たかじ》の「孚」には、「幼子《おさなご》を手で大切にかばう」という意味があります。名前に守られた、見えざる手によって命をいただいたと思えてなりません。

（八月十五日を二十二歳《さい》、長崎《ながさき》県大村《おおむら》で迎《むか》えました）

宮崎孚爾

丁寧《ていねい》な添《そ》え状《じょう》と共に届《とど》いた近影《きんえい》。

＊赤紙：軍からの召集令状《しょうしゅうれいじょう》のこと。赤みがかった紙が使われたことからこう呼《よ》ばれた。

＊ソナー：水中の物体を探知《たんち》する、音波を利用した装置《そうち》。

＊晒粉《さらしこ》：消毒次亜塩素酸《しょうどくじあえんそさん》カルシウムを有効《ゆうこう》成分とする粉。漂白粉《ひょうはくこ》、カルキ。

＊山本五十六《やまもといそろく》：明治十七年、新潟《にいがた》県長岡《ながおか》生まれの海軍軍人。太平洋戦争開戦のきっかけとなったハワイ・真珠湾攻撃《しんじゅわんこうげき》、大敗を喫《きっ》したミッドウェー海戦などで日本軍を指揮《しき》。昭和十八年、六十歳《さい》でブーゲンビル島上空にて戦死。

＊マラリア：マラリア原虫をもった蚊《か》にさされることで感染《かんせん》し、発熱、寒気、頭痛《ずつう》、嘔吐《おうと》、関節・筋肉痛《きんにくつう》などを引き起こす病気。

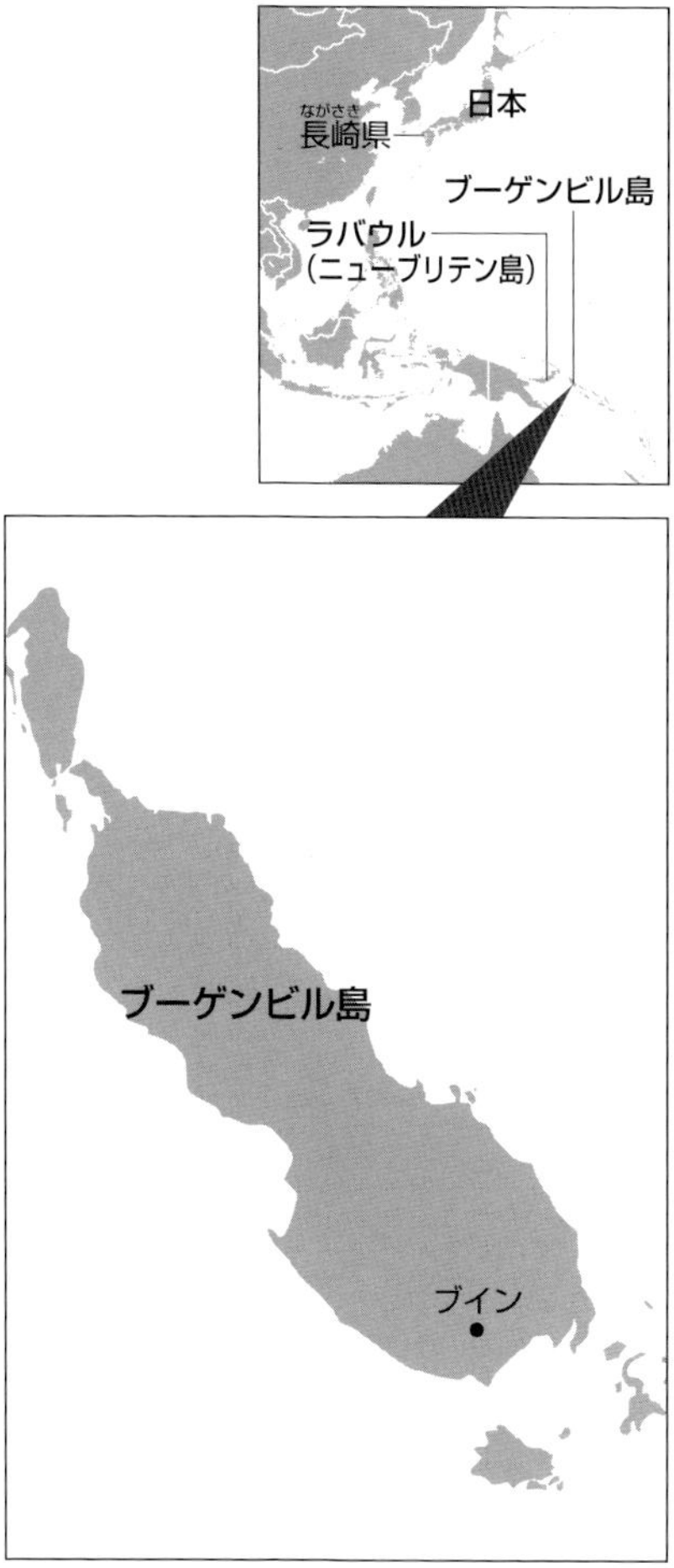

こぼれ話

感染症《かんせんしょう》、自然の脅威《きょうい》

宮﨑孚爾《みやざきたかじ》様は、御年《おんとし》九十六。コロナ禍《か》に鑑《かんが》み電話でのインタビューの申し入れに、「ちゃんと聞こえています。問題ありませんよ」と、ご快諾《かいだく》くださいました。どこか達観《たっかん》された、とても穏《おだ》やかな話しぶりで、遠い南の島・ブーゲンビル島での任務《にんむ》につかれた頃《ころ》の印象をたくさんお話しくださいました。

「島についた最初の頃は、南国独特《どくとく》の色鮮《あざ》やかな鳥がたくさんいたんですよ。綺麗《きれい》でしたねぇ。でも、そのあと戦闘《せんとう》が激《はげ》しくなっていきましてね、ほかの島に飛んでいってしまったのか、一羽も見られなくなりました。鳥は自由に飛んでいけますからね。自分たちと違《ちが》って。あぁ、みんないなくなってしまったかと、寂《さび》しかったですね」。

こんな話もお聞きしました。

「私たちの部隊ではありませんでしたが、頭が〝パア〟になって、兵隊としては使い物にならなくなった人がいましたね。のちにそれがデング熱だとわかりましたが、ちゃんと効《き》く薬などなく、かわいそうでしたよ。それでなくても、容赦《ようしゃ》なく爆弾《ばくだん》が降《ふ》ってくるので、精神的《せいしんてき》におかしくなった兵なども少なからずおりました。そんな兵士たちは、みんなまとめて日本に送りかえされました。最初の頃はまだ、島に日本の船が結構《けっこう》来ていたのでね」。

デング熱は、デングウイルスをもっているネッタイシマカやヒトスジシマカに刺《さ》されることで感染《かんせん》する感染症《かんせんしょう》です。これらの蚊の吸血《きゅうけつ》活動は日中ですが、宮崎様が帰国後に症状《しょうじょう》が出たマラリアは、夜間に活動するハマダラカに刺《さ》されることが原因《げんいん》です。

爆撃《ばくげき》だけでなく、昼も夜《よ》もなく人の体を確実《かくじつ》に蝕《むしば》む感染症という自然の脅威《きょうい》にもさらされ続けた任務《にんむ》の苛酷《かこく》さを、改めて感じさせられました。

3 西《にし》野《の》忠《ただ》士《し》

大正十四（一九二五）年九月二十五日生まれ　九十四歳《さい》

西野忠士《にしのただし》様には、北海道札幌《ほっかいどうさっぽろ》市内の、
公益財団《こうえきざいだん》法人通信文化協会・北海道《ほっかいどう》地方本部にてお目にかかりました。
札幌市在住《ざいじゅう》の箕浦尚美《みのうらなおみ》様のご縁《えん》で、
同本部事務局長《じむきょくちょう》の志子田正則《しこたまさのり》様を介《かい》して、ご紹介《しょうかい》いただきました。
戦後、シベリア抑留《よくりゅう》を解《と》かれて帰国されてのち、六十六年に亘《わた》って、
その体験を語りつがれておられる口調は確《たし》かなものでした。
「シベリアで死んだ仲間の骨《ほね》を拾いに行きたいんですよ」
と静かに話され、遠くを見つめておられました。

西野忠士

敗戦実感の時

私は、昭和十九年六月、数え二十歳《さい》で兵隊検査《けんさ》を受け、翌《よく》二十年四月、三重《みえ》県斎宮《さいくう》村の「東海第七航空無線通信隊」に入隊しました。空襲《くうしゅう》が激《はげ》しくなり、国内での教育が難《むずか》しいとの判断《はんだん》から、入隊わずか一週間後に*満州国《まんしゅうこく》（現《げん》・中国東北部）に渡《わた》り、温春《うんしゅん》の航空無線通信隊の教育要員となりました。航空機選別、高度確認《かくにん》、モールス信号の読み取りなどを、寝《ね》る間《ま》を惜《お》しんで学びました。持たされた武器《ぶき》は、小銃《しょうじゅう》、実弾《じつだん》二十発と手榴弾《しゅりゅうだん》二つ。手榴弾の一つは、自爆《じばく》用でした。

その後命令が下り、我々《われわれ》部隊は全員、敦化《とんか》飛行場に集結。八月十二日夕刻、兵《へい》舎《しゃ》に火を放ち出発しました。当時、温春から四十キロ離《はな》れた牡丹江《ぼたんこう》の上空には、ソ連兵の空爆《くうばく》や攻撃《こうげき》を受けて真赤《まっか》な炎《ほのお》が上がっておりました。東京城《とうけいじょう》の街《まち》を通過《つうか》中、最後の貨物列車発車の情報《じょうほう》が入り、私の所属《しょぞく》する中隊は全員それに乗車したのです。八月十四日夕刻《ゆうこく》、敦化駅に到着《とうちゃく》。飛行場の格納庫《かくのうこ》に宿泊《しゅくはく》しました。

一夜明け迎《むか》えた十五日、敗戦を知らされました。兵隊として戦わずして負けたことへの無念さ、虚脱感《きょだつかん》など表現《ひょうげん》できない心持ちでした。若《わか》い下士官の中には、自決（自ら命を断《た》つこと）した人もありました。

八月二十三日、武装解除《ぶそうかいじょ》命令があり、敦化《とんか》飛行場に四万人もの日本兵が整列させられました。髪《かみ》を切り、男装《だんそう》した女の人も混《ま》じっていました。それは、まさに生き延《の》びるための姿《すがた》でした。そこに、*ソ連（現《げん》・ロシア）兵が戦車を先頭にして入場して来たのです。飛行場の中央に、各人の小銃《しょうじゅう》や軍刀などの武器《ぶき》が積《つ》み上げてられていくのを見た時、敗戦を実感しました。丸腰《まるごし》となり、ソ連の捕虜《ほりょ》として服従《ふくじゅう》させられたのです。

飛行場近くの川原にテントを張《は》り待機しました。十月中旬《ちゅうじゅん》、帰国を信じて二〇〇km余《あま》りを一週間かけて歩き、牡丹江《ぼたんこう》に到着《とうちゃく》しました。終戦時、ソ連軍との激戦《げきせん》場牡丹江周辺は、戦いから二ケ月も経《た》とうというのに、日本兵の死体や軍馬の死骸《しがい》が放置されたままで胸《むね》が詰《つ》まりました。数日後の十一月三日、牛馬糞《ふん》がこびりついた貨物車に四十～五十名ずつ詰《つ》め込《こ》まれ、夜半に出発しました。ロシア極東部《きょくとうぶ》の港湾《こうわん》都市ウラジオストクから、日本に帰国できることを信じていました。外から施錠《せじょう》された貨物車の小窓《こまど》から見えるのは、来る日も来る日も雪の荒野《こうや》と山間《やまあい》。四、五日経った頃《ころ》です。強烈《きょうれつ》なかゆみに襲《おそ》われました。シラミ（吸血《きゅうけつ》してかゆみをもたらす昆虫《こんちゅう》）でした。二十日後の十一月二十三日夕刻《ゆうこく》、ネーベルスカヤの駅舎《えきしゃ》のない原っぱの引き込み線で下車させられました。*シベリア奥地《おくち》、犯罪者《はんざいしゃ》の流刑地《るけいち》に輸送《ゆそう》されていたことを、この時初めて知ったのです。そこから零下《れいか》三十度以下の凍結《とうけつ》した暗い道を約四十km歩かされ、翌日《よくじつ》深夜二時頃《ごろ》、収容所《しゅうようじょ》に着きました。この間、大勢の兵士同様、私も左足親指が凍傷《とうしょう》になりました。所持品検査《けんさ》では、褌《ふんどし》にまで手を突《つ》っ込まれ、目ぼしい所持品は全て没収《ぼっしゅう》されました。

　零下四十度以下になる冬のシベリアの天幕舎《てんまくしゃ》では、枕元《まくらもと》に吊《つ》るしておいた水筒《すいとう》が凍《こお》って丸く膨《ふく》らみました。収容所は急ごしらえで電気はなく、明かりには白樺《しらかば》の皮や松の木を燃《も》やし、雪で顔をこする生活が始まりました。

収容所《しゅうようじょ》では主に鉄道敷設《ふせつ》にまつわる様々な労働を課《か》せられました。冬は日照時間がとても短くなります。作業所からの暗い帰り道に道端《みちばた》で拾った馬鈴薯《ばれいしょ》を、夕食の粥《かゆ》に混《ま》ぜたら、その強烈《きょうれつ》な臭《にお》いで初めて馬糞《ばふん》だと気付いたという、笑えない話もありました。

劣悪《れつあく》な環境《かんきょう》下での重労働と栄養失調で、多くの命が失われていきました。冬場の墓掘《はかほ》りは、鶴嘴《つるはし》一本でコンクリートのような硬《かた》さになった永久凍土《えいきゅうとうど》を掘る過酷《かこく》な作業です。まず枯《か》れ木を集めて、墓を掘る場所に半日ほど火を焚《た》くことから始めます。極限状態《きょくげんじょうたい》での墓掘りは、死を悼《いた》む感情すら麻痺《まひ》させ、涙《なみだ》も出ませんでした。自分もやがて、誰《だれ》かに埋《う》めてもらうことになるのかという、諦《あきら》めと虚《うつ》ろな気持ちでした。

それでも、季節がめぐり大地が芽吹《めぶ》く春になると、私はまだ生きているという内から沸《わ》き上がる生命力に支《ささ》えられました。時には、南京虫《なんきんむし》やツンドラ地方に大発生する蚊《か》やブヨに、馬さえ立往生《たちおうじょう》させるほどの勢いで襲《おそ》いかかられながらも、腹《はら》の足しになる野草を茹《ゆ》でて岩塩で食べたり、赤松の新芽を煎《せん》じてビタミンCの補給《ほきゅう》をしたりしました。秋になると、きのこも食べられましたが、毒きのこにあたり病気にかかり、死ぬ者もありました。滅多《めった》に見つけられませんでしたが鼠《ねずみ》、蛙《かえる》や栗鼠《りす》は食料となり、松の倒木《とうぼく》から見つかる幼虫《ようちゅう》は、火で炙《あぶ》ってホクホクになったものを美味《おい》しく食べました。

限《かぎ》られた食料をいかに公平に配るかは、班《はん》ごとの課題です。極限の飢餓《きが》で、人の心は壊《こわ》されていき、些細《ささい》なことが争いの種になることを目《ま》の当たりにする日々でした。シベリア抑留者《よくりゅうしゃ》六十万人余《あま》りのうち、一割《わり》の六万人余りの命が、抑留《よくりゅう》後半年のうちに犠牲《ぎせい》になりました。

ソ連の女性《じょせい》軍医による体格検査《たいかくけんさ》を兼《か》ねた健康診断《しんだん》が定期的に行われました。素っ裸《ぱだか》で女医の前に立ち、腹と尻《しり》の皮膚《ひふ》をつままれるのです。脂肪《しぼう》のつき具合で、一～三級、栄養失調者（オーカー）の四段階《だんかい》に分けられました。栄養失調者は、保健隊収容所《しゅうようじょ》で多めの食料を与《あた》えられ体力回復《かいふく》ののち、通常《つうじょう》労働に戻《もど》させられました。その一方では、病気や怪我人《けがにん》などの労働不適格者《ふてきかくしゃ》と、作業優秀者《ゆうしゅうしゃ》（ハラショウラボータ）の日本送還《そうかん》が始まりました。労働効率《こうりつ》や意欲《いよく》を高める効果《こうか》を図ったものでした。

幸いにも、私も作業優秀者に選ばれ、終戦から三年近く経《た》った昭和二十三年六月十七日、ナホトカ港から、引揚船《ひきあげせん》「遠州丸」（七〇〇〇トン級の貨物船）に乗ることができました。ナホトカ港では、民主運動という共産主義の思想教育判定《はんてい》が徹底《てってい》されていて、多少でも反動的とみなされれば、密告《みっこく》により再《ふたた》びシベリア奥《おく》地《ち》へ戻《もど》されることもあり、乗船できるまでは気が気ではありませんでした。三日後の六月二十日、日本海でイルカたちが船と並走《へいそう》する光景に迎《むか》えられ、京都《きょうと》府舞《まい》鶴《づる》港に上陸、帰国を果たすことができたのです。

「お帰りなさい、ご苦労さまでした」と出迎《でむか》えてくれた若《わか》い看護婦《かんごふ》さんたちの労《ねぎら》いの言葉に、嬉《うれ》し涙《なみだ》が止まりませんでした。

私は、シベリア抑留《よくりゅう》から生還《せいかん》できた者の務《つと》めとして、亡《な》くなった大勢《おおぜい》の仲間を悼《いた》み、これからも苛《か》酷《こく》な体験の語り部を続けていきたいと思っています。
（八月十五日を十九歳《さい》、満州国《まんしゅうこく》・敦化《とんか》／現・中国吉林《きつりん》省で迎《むか》えました）

二〇一九年十一月、北海道《ほっかいどう》札幌《さっぽろ》市内の通信文化協会・北海道地方本部にて撮影《さつえい》。

西野忠士

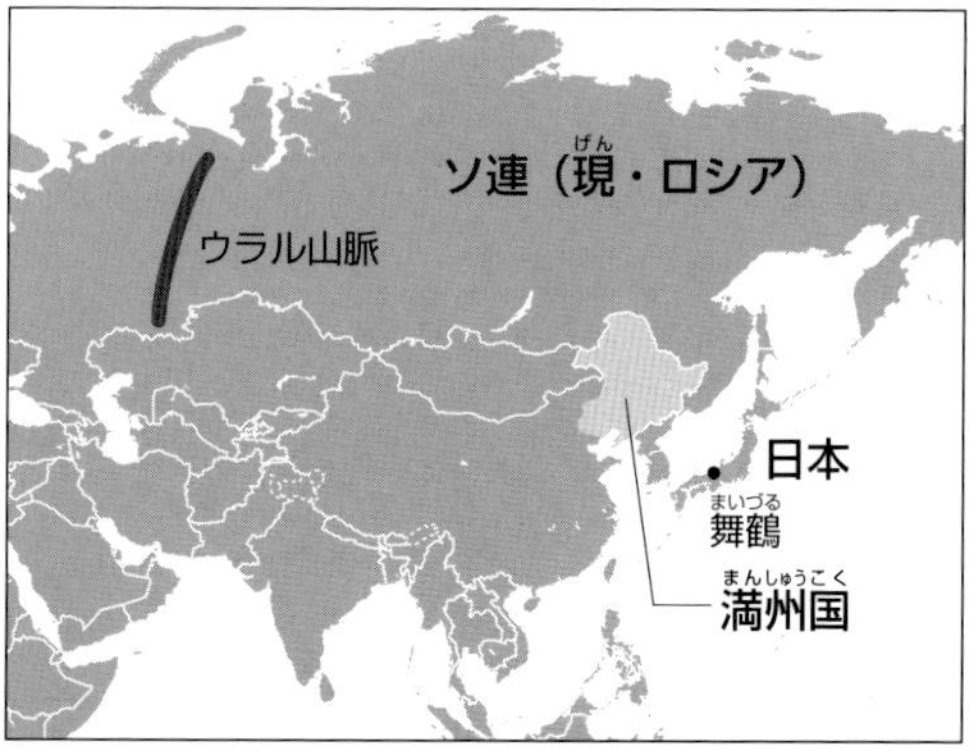

＊満州国《まんしゅうこく》（満州）：日本が満州事変後に占領《せんりょう》した中国東北部（現在《げんざい》の黒竜江《こくりゅうこう》省・吉林《きつりん》省・遼寧《りょうねい》省・内モンゴル自治区北東部）に昭和七（一九三二）年につくりあげた、日本の傀儡《かいらい》国家（独立国《どくりつこく》だが実際《じっさい》は他国の統治《とうち》下にある国）。中国から分離《ぶんり》させた。昭和二十年、日本の敗戦と同時に消滅《しょうめつ》。

＊ソ連兵が〜：八月十五日の終戦を前にした昭和二十年八月九日未明、当時日本と不可侵条約《ふかしんじょうやく》を結んでいたソ連（現《げん》・ロシア）が、日本が占領《せんりょう》していた中国東北部・満州国《まんしゅうこく》に攻撃《こうげき》・侵攻《しんこう》した。

＊シベリア：アジア大陸北部、ロシア中部ウラル山脈より東〜太平洋岸までの広大な地域《ちいき》を呼《よ》ぶ。

こぼれ話

あなたを想《おも》う時間

映《えい》画《が》俳《はい》優《ゆう》高《たか》倉《くら》健《けん》には筆《ふで》まめな一面があり、デビュー間《ま》もない頃《ころ》から〃無口だが礼《れい》状《じょう》は欠かさない〃と評《ひょう》されました。知名度も上がり撮《さつ》影《えい》の仕事旅が増《ふ》えると、一《いち》期《ご》一《いち》会《え》のその先に、心のキャッチボールとしての手紙のやり取りが広がりました。仕事の都合で致《いた》し方のないお返事の遅《おく》れには、必《ひっ》殺《さつ》技《わざ》・速達。テクノロジーが進化しても、手紙を綴《つづ》る時間を大事にしました。それこそが高倉の〃あなたを想《おも》う時間〃でした。

北《ほっ》海《かい》道《どう》札《さっ》幌《ぽろ》の箕《みの》浦《うら》尚《なお》美《み》様も、高倉がロケ先で知り合い、長年お手紙の交流が続いていたお一人。高倉他界後の二〇一七年七月、追《つい》悼《とう》特別展《てん》が巡《じゅん》回《かい》開《かい》催《さい》された北海道釧《くし》路《ろ》の会場ではじめてお目にかかり、「有名な高倉さんが、一市民の私たちとお付き合いを続けてくださったことは、今でも夢《ゆめ》のようです」とお話しくださいました。それはまさに、「人付き合いのものさしに肩《かた》書《がき》はいらない。心が通い合えばいい」という高倉の言葉の合わせ鏡でした。今回、箕浦様は時間の許《ゆる》す限《かぎ》り証《しょう》言《げん》者《しゃ》に寄《よ》り添《そ》い、絵手紙をお描《か》きくださいました。ここでご紹《しょう》介《かい》いたします。

証言《しょうげん》に寄《よ》せた絵手紙

箕浦尚美《みのうらなおみ》

終戦したにも関わらず、ここまでの不条理《ふじょうり》な行動ができるものかと、心がえぐられようでした。よくぞご帰国なされました。戦争に勝者はいるのでしょうか。人間の尊厳《そんげん》を崩壊《ほうかい》させるのが戦争だと感じました。

西野忠士《にしのただし》様のご証言《しょうげん》（33ページ）に寄《よ》せて

生かし
生かされ
生きぬく

衛生《えいせい》下士官として働かれ、ご自分の命さえ顧《かえり》みず、負傷者《ふしょうしゃ》のために敵《てき》の陣《じん》地《ち》を走り抜《ぬ》けられた。穏《おだ》やかなお顔からは想像《そうぞう》もできない程《ほど》のご経験をなされ、生き抜《ぬ》かれたのだと知り、敬服《けいふく》するばかりです。

青木矩雄《あおききつねお》様のご証言《しょうげん》
（17ページ）に寄《よ》せて

時の流れさえ
消せない

未《いま》だ戦争は、終わっていなかったのですね。秘《ひ》めておられた戦争体験。感情《かんじょう》に走る大人の中で、理性《りせい》を失わず物事を判断《はんだん》し、矛盾《むじゅん》を素《す》直《なお》に表現《ひょうげん》できることは、本当は素《す》晴《ば》らしいことですのに。

吉田《よしだ》かほる様のご証言《しょうげん》
（90ページ）に寄《よ》せて

お母様の、まるで映画《えいが》のような体験に背筋《せすじ》が凍《こお》りました。ご自分の力ではどうにもならない不運を受け入れ、家族の元へ帰るという強い信念《しんねん》と勇気が運命を切り拓《ひら》きました。その行動力に拍手《はくしゅ》を贈《おく》ります！

築城則子《ついきのりこ》様によるお母様のご証言《しょうげん》
（170 ページ）に寄《よ》せて

勝利を疑《うたが》うことなく、終戦を迎《むか》えられたのですね。日本のために、親元を離《はな》れ学徒勤労《きんろう》動員として一所懸命《けんめい》に働かれていたからこそだと感じます。真実の情勢《じょうせい》を、終戦まで知る由《よし》もなかったなんて。

青木米子《あおきよねこ》様のご証言《しょうげん》
（53 ページ）に寄《よ》せて

お父様が練り切りを美しく仕上げるのを見るのが好きだったのですね。幸せは、ささやかな中にあるものなのに、食糧《しょくりょう》もなく、さらに大切な犬までも供出《きょうしゅつ》せざるを得なかったなんて、言葉を失いました。

山崎佐知子《やまざきさちこ》様のご証言《しょうげん》
（76ページ）に寄《よ》せて

東京大空襲《くうしゅう》で真赤《まっか》に染《そ》まった空を見つめ、不安になりながらも看護《かんご》の道に夢を抱《いだ》き進学されたのが、わずか14歳《さい》だったなんて。辛《つら》い下働きをも当然のように務《つと》められたことに、感服《かんぷく》いたしました。

川崎勝子《かわさきかつこ》様のご証言《しょうげん》
（56ページ）に寄《よ》せて

空《から》の木箱となって帰還《きかん》されたお父様。家族に心配かけまいと、お父様が認《したた》めた手紙は、遠い日本で待つ家族を勇気づけ、命を守りました。お父様の深い愛と強さに、胸《むね》が熱くなりました。

黒田英子《くろだえいこ》様のご証言《しょうげん》
（113 ページ）に寄《よ》せて

次男の戦死を受けてなお、三男の出撃《しゅつげき》に刀を贈《おく》られたご両親の心中をお察《さっ》しし、いたたまれません。山の上の墓《はか》まで一人墓石《はかいし》を運んだのは、お父様がご自分に課《か》した責《せき》任《にん》と愛情《あいじょう》だったように感じました。

藤田義直《ふじたよしなお》様のご証言《しょうげん》
（63 ページ）に寄《よ》せて

戦争という逆《さか》らうことのできない運命を、生き抜《ぬ》かれたお二人。夢《ゆめ》や希望がたくさんおありだったでしょうに。胸《むね》が痛《いた》みました。

荒巻容子《あらまきようこ》様によるご両親のご証言《しょうげん》
（166 ページ）に寄《よ》せて

善戦《ぜんせん》の報《ほう》は、無事を祈《いの》る家族にとって唯一《ゆいいつ》の灯《あか》り。信じ、祈る事しかできません。優《やさ》しいお兄様が、小さな石ころとなって帰還《きかん》されるなんて、どんなに悔《くや》しかったことかと胸《むね》が張《は》り裂《さ》ける思いです。

岡田《おかだ》とくゑ《え》様のご証言《しょうげん》
（50 ページ）に寄《よ》せて

絵手紙に想《おも》いを託《たく》して

箕浦尚美《みのうらなおみ》（絵手紙）

「おじちゃんに手紙を書いてね」と、小学校二年生の娘《むすめ》・安菜《あんな》に声をかけてくださったのが、高倉健《たかくらけん》さんとの出会いです。二十八年前、主演《しゅえん》のＮＨＫ《エヌエイチケー》ドラマ『チロルの挽《ばん》歌《か》』ロケで、健さんが、当時私たちが暮《く》らしていた北海道芦別《ほっかいどうあしべつ》市を訪《おとず》れた時のことでした。学校から帰宅《きたく》した娘が自宅《じたく》前でロケ隊に遭遇《そうぐう》したのです。思いがけない健さんからの一言をきっかけにお手紙での交流が始まり、健さんは、手紙の中で一人のおじちゃんとして娘に語りかけてくださいました。いつしか私も健さんと心が繋《つな》がる喜びで一杯《いっぱい》になり、手紙の力を感じるようになっていました。ある時、郵便局《ゆうびんきょく》で絵手紙教室のポスターを見つけ、健さんに絵手紙を描《か》いてみたいと思い入会したのです。

絵手紙は「ヘタでいい　ヘタがいい」が合言葉で、決まりきった挨拶《あいさつ》抜《ぬ》きに相手への想《おも》いを綴《つづ》り、絵を添《そ》えて送る「絵のある手紙」です。この度、健さんが導《みちび》いてくださった絵手紙で、証言者《しょうげんしゃ》様への想いを描かせていただきました。

※北海道在住《ほっかいどうざいじゅう》の証言者《しょうげんしゃ》様の聞き取りには、小田様と一緒《いっしょ》に同席させていただきました。

4　岡田《おかだ》とくゑ《え》

昭和三（一九二八）年三月二十二日生まれ　九十二歳《さい》

岡田《おかだ》とくゑ《え》様は、高倉《たかくら》が東映所属《とうえいしょぞく》の昭和四十八（一九七三）年頃《ごろ》から、

映画《えいが》撮影《さつえい》の協力などでご縁《えん》をいただきました岡田一夫《おかだかずお》様のお母様です。

岡田様は、令和一年末まで神戸《こうべ》で材木店を経営《けいえい》されておられ、

東映時代から独立後《どくりつご》に至《いた》るまでの高倉を見続け、

静かに支《ささ》えてくださいました方のお一人です。

一九九五年の阪神《はんしん》・淡路大震災《あわじだいしんさい》の時には、高倉が、

被災者《ひさいしゃ》の方々への応援《おうえん》メッセージを岡田様に託《たく》して送り続けました。

高倉他界後は、わたくしに対し温かいお励《はげ》ましをいただきました。

この度の企画《きかく》にご協力いただき、体調を崩《くず》されたお母様に代わられ、

終戦の日について綴《つづ》ってくださいました。

嘘《うそ》だった！

私は、兵庫《ひょうご》県宍粟《しそう》郡に生まれ、八人兄姉の三女として育ちました。三人の兄たちは兵隊に行き、姉たちはそれぞれ家を離《はな》れていて、私が家事を任《まか》されていました。尋常《じんじょう》高等小学校（↓21ページ）卒業後、父の友人の紹介《しょうかい》で、農協の郵便《ゆうびん》部貯金係に配属《はいぞく》され、午前中は事務《じむ》、午後は勧誘《かんゆう》の仕事をしていました。月に二度ほど、竹槍《たけやり》での軍事教練がありましたが、嫌《いや》で嫌で、よく仮病《けびょう》を使ったものです。

宍粟郡は、戦禍《せんか》に巻《ま》き込《こ》まれることはありませんでしたが、戦地の兄から届《とど》く便りが嬉《うれ》しかった以外、楽しい思い出などありませんでした。

八月十五日、農協の郵便部にいた時、聞き取りにくいラジオニュースで、終戦を知りました。

「嘘《うそ》だった！」

前日までの公報《こうほう》、新聞等で善戦《ぜんせん》、善戦の報ばかりを信じていた私は、悔《くや》しさでいっぱい。すぐさま、兄たちの安否《あんぴ》が気になりました。
翌年《よくねん》、二人の兄は帰って来ましたが、一番働き者で優《やさ》しかった三男は、木箱の骨壺《こつつぼ》に入れられた小判《こばん》大の石コロとなって戻《もど》ってきました。最期《さいご》の地、マレーシア・クアラルンプールのものという石を見つめながら、出兵前にお餅《もち》を食べて踊《おど》る兄の姿《すがた》が思い浮《う》かび、涙《なみだ》が込《こ》み上げて止まりませんでした。

（八月十五日を十七歳《さい》、兵庫県宍粟《しそう》郡奥谷《おくたに》村で迎《むか》えました）

書き手／長男、岡田一夫《おかだかずお》

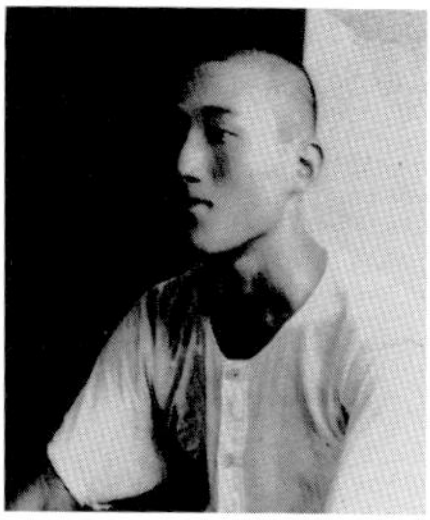

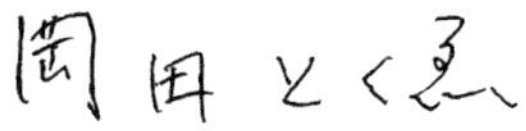

とくゑ《え》様と、幼《おさな》い頃《ころ》の長男・一夫《かずお》様（上）。
亡《な》くなられた三番目のお兄様・進様（下）。

5

青《あお》木《き》米《よね》子《こ》

昭和三（一九二八）年十月二十三日生まれ　九十一歳《さい》

青《あお》木《き》米《よね》子《こ》様は、16ページにご紹介《しょうかい》しました青木矩《つね》雄《お》様の奥《おく》様です。
矩雄様のご証言《しょうげん》をお聞きする間も、ずっとにこやかに同席くださっていました。
長野《ながの》県で生まれ育った米子さんが隣《となり》町の出身である矩雄さんに嫁《とつ》がれたのは、
終戦の三年後のことでした。
新生活の地・北海道天《て》塩《しお》町では電気がなく、
ランプ生活だったそうです。
毎日ランプ磨《みが》きをしていたことが一番の思い出と、
懐《なつ》かしんでおられました。
矩雄様のインタビューにご同席くださいました際《さい》、
ご自身の終戦時のご記《き》憶《おく》もお話しくださいました。

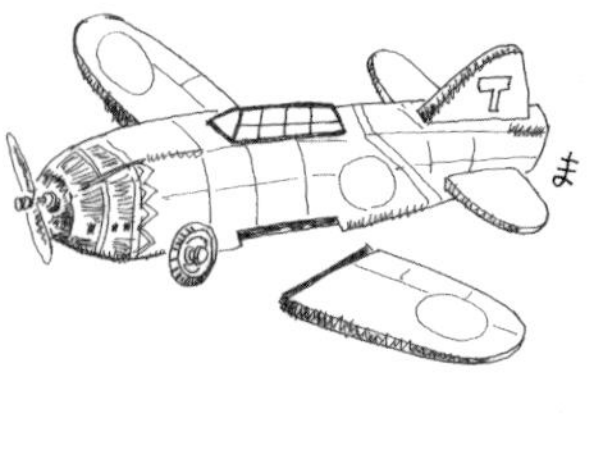

青木米子

幻《まぼろし》の神風《かみかぜ》

私は、長野《ながの》県中野《なかの》市田麦《たむぎ》生まれ。八人姉弟でしたが、家が農業を営《いとな》んでいたので、食糧難《しょくりょうなん》の戦時中も、ひもじい思いはしませんでした。学徒勤労《きんろう》動員（→109ページ）で、私は滋賀《しが》県大津《おおつ》市、東洋《とうよう》レーヨンの紡績《ぼうせき》工場で二年ほど働きました。同じ学校の友人と一緒《いっしょ》でした。飛行機のタイヤに使う糸を扱《あつか》う仕事で、全国から一万人が集められていたようです。交代でいただく休みの日には、一緒に行った友人と京都まで足を延《の》ばすこともできて、家族から遠く離《はな》れた寂《さび》しさを感じることはありませんでした。学校を出てからは、姉の紹介《しょうかい》で千《ち》葉《ば》県松戸《まつど》市の商店に二年ほど働きに行き、その後、実家に戻《もど》っていました。

十八歳《さい》（満十六歳）で迎《むか》えた昭和二十（一九四五）年の八月十五日は、長丘《ながおか》小学校でクラス会を開いていました。その日は、かつての同級生三十人ほどが集まっていましたが、昼ごろ、大事な放送があるといわれ、同級生みんなと職員室に集まりました。それが*玉音《ぎょくおん》放送でした。内容を理解《りかい》できた人は、いなかったようでした。家に帰ると本家のおじさんが来ていて、そこで初めて「日本が負けた」ことを知りました。心の中で「日本は負けるわけがない」「神風が吹《ふ》いて必ず勝つ」と思っている自分がいました。学校でそう教えられていたからです。負けたあとどうなるのかは、考えていませんでした。

（八月十五日を十六歳《さい》、長野《ながの》県中野《なかの》市田麦《たむぎ》で迎《むか》えました）

二〇二〇年十一月、北海道札幌《ほっかいどうさっぽろ》市内にて撮影《さつえい》。

＊玉音《ぎょくおん》放送：玉音は天皇《てんのう》の肉声のこと。玉音放送は、昭和二十（一九四五）年八月十五日正午からラジオで放送された、昭和《しょうわ》天皇による戦争終結《しゅうけつ》宣言。

6 川《かわ》崎《さき》勝《かつ》子《こ》

昭和五（一九三〇）年七月二十八日生まれ　八十九歳《さい》

高倉《たかくら》の俳優《はいゆう》生活五十周年の平成十八（二〇〇六）年に出版《しゅっぱん》した写真集の撮影《さつえい》の際《さい》、山梨《やまなし》県河口湖《かわぐちこ》町で立ち寄《よ》ったのが、川崎勝子様が営《いとな》む蕎麦屋《そばや》「彩呼亭《さいこてい》」でした。

お店のメニューには、信州そばに加えて、抗酸化《こうさんか》作用があり、高血圧、脳《のう》出血の予防《よぼう》に有効《ゆうこう》といわれる韃靼《だったん》そば（中国やネパールなどの高地で栽培《さいばい》）があります。川崎様が以前、脳幹《のうかん》出血を患《わずら》い、食事への大切さを学ばれた故《ゆえ》のこだわりです。

「これは健康に良いものです」とメッセージが添《そ》えられて、季節ごとに様々な食材をお届《とど》けくださいました。高倉より一歳《さい》年上。シャキシャキした「勝子ママ」のお人柄《ひとがら》もあって、高倉が亡《な》くなるまで交流がございました。

川崎様は八十九歳になられた今でも、年中無休でお店を開け働き続けています。

死と鮮血《せんけつ》と臭気《しゅうき》と

「あっ、東京《とうきょう》が……」

終戦の年、昭和二十（一九四五）年三月十日、私は疎開《そかい》先の栃木《とちぎ》県岩舟《いわふね》村小野《おの》寺《でら》から、真赤《まっか》に染《そ》まっていく東京の空を見つめていました。東京大空襲《くうしゅう》でした。学校では、*満蒙開拓《まんもうかいたく》青少年義勇《ぎゆう》軍の割《わ》り当て要員として、同級生の男の子二人が送り出されたこともありました。

「この先どうなっていくのかしら」。私は十四歳《さい》、翌月《よくげつ》から東京での学生生活を前にして、言いようのない不安感に身体を締《し》め付けられるようでした。

私は昭和五年、東京の洗足《せんぞく》に生まれました。父が建築業《けんちくぎょう》を営《いとな》んでいて、大勢《おおぜい》の職《しょく》人《にん》たちを束《たば》ねていました。年の離《はな》れた兄や姉がいて、六人兄姉の末っ子として育ちました。私が三歳の時、母が肺病《はいびょう》（肺結核《けっかく》）で亡《な》くなってからは、お手伝いさんが親身になって世話をしてくれました。私は本が好きで、中でももっとも影響《えいきょう》を受けたのが、十歳のときに読んだ大嶽康子《おおたけやすこ》さんの『病院船』（女子文苑社刊）でした。赤十字社の看護婦《かんごふ》だった大嶽さんが、昭和十二年の日中戦争の折、救護班《きゅうごはん》として*病院船で働いたときの記録でした。窓《まど》のない船の中の暑さ、膿《うみ》や排泄物《はいせつぶつ》の臭気《しゅうき》もただごとではないこと、立っていられないほどの時化《しけ》のときでさえ、「看護婦《かんごふ》さん！」と負傷兵《ふしょうへい》から呼《よ》ばれて手当に向かう姿《すがた》。〝倒《たお》れるまで頑張《がんば》れ〟と自分を励《はげ》ます著者《ちょしゃ》の強さに圧倒《あっとう》されたのです。将来《しょうらい》は病院船に乗り、できることなら船で世界を回りたい。子ども心に、そんな夢《ゆめ》が膨《ふく》らみました。

看護の道に進みたいと決心した私は、進学の相談をしたお手伝いさんから、赤十字社には生徒の募集《ぼしゅう》はなく、東京帝国《ていこく》大学医学部付属《ふぞく》病院に看護学科があることを教わり、迷《まよ》わず受験しました。合格《ごうかく》の知らせを受けて向かった東京は大空襲のあとで、大学構内《こうない》や私たちの寮《りょう》は被災《ひさい》を免《まぬか》れていましたが、敷地《しきち》を一歩離れたところの上野《うえの》や御徒町《おかちまち》付近は一面焼野原でした。受験のときに見たたくさんの木《もく》造《ぞう》家屋は跡形《あとかた》もなくなっていました。ぽつんぽつんと焼け残った金庫や、あちこちで水道管が壊《こわ》れ、水が吹《ふ》き上がっていたことなどを、鮮明《せんめい》に覚《おぼ》えています。

クラスはわずかに一つ、たしか五十～六十人ほどでした。旧制《きゅうせい》女学校を卒業した二歳《さい》年上のお姉さんばかりが全国から集まっていて、私は栃木《とちぎ》の山奥《やまおく》の学校で高等科を二年終えただけの、クラス最年少者でした。

看護《かんご》学科の授業《じゅぎょう》は午前と午後に分かれていて、医学用語のドイツ語やラテン語を学びました。一番年下の私は雑用係です。物資《ぶっし》が不足していたので、手袋《てぶくろ》なしで膿《うみ》のついたガーゼを洗《あら》い、クレゾールという弱酸性《さんせい》の消毒・殺菌剤《さっきんざい》で消毒するのが日課でした。手術《しゅじゅつ》用器具は煮沸《しゃふつ》消毒が欠かせません。ところがお湯を沸《わ》かそうにも、燃料《ねんりょう》が足りませんでした。仕方なく、*疎開《そかい》対象から外れて書棚《しょだな》に残された書籍《しょせき》や書類を、薪《まき》代わりにしました。

当直では、懐中《かいちゅう》電灯を手に暗い病室を回り、患者《かんじゃ》さんたちが寝《ね》られているか、容体《ようだい》に変わりないかを確認《かくにん》しました。当時病院では、治療《ちりょう》の甲斐《かい》なく亡《な》くなられる患者さんのほかに、日が暮《く》れると、孤児《こじ》や浮浪者《ふろうしゃ》のご遺体《いたい》が毎日のように運ばれて来ていました。当直の先生に、生理学教室へ運ぶよう指示《しじ》を受けたご遺体を、運搬車《うんぱんしゃ》に乗せて運び入れ、解剖《かいぼう》を終えたご遺体を霊安室《れいあんしつ》に移《うつ》しました。学習の中では、産婦人科《さんふじんか》で新生児の誕生《たんじょう》を経験《けいけん》することもありました。私の目の前を、生と死が通り過《す》ぎていくのを実感する日々でした。

寮《りょう》生活の食事は、好仁会《こうじんかい》が作ってくれる賄《まかない》でした。大きな寸胴鍋《ずんどうなべ》に入った重湯《おもゆ》（水分の多いおかゆの上澄《ず》み）が主食で、底にたまった米粒《つぶ》を食べられれば幸いでしたが、空腹感《くうふくかん》を満たすにはほど遠く、寮生同士協力して自炊《じすい》をしました。敷《しき》地《ち》内に自生していた藜《アカザ》の葉は、葉や茎《くき》が鮮《あざ》やかな紅紫色《こうししょく》をしていてほうれん草に似た味でしたので、よくお味噌汁《みそしる》の具にしたものです。土日は授業がなく親元に帰れます。茨城《いばらき》の同級生がお米を持ち帰った時は、皆《みな》お裾分《すそわ》けにあずかりました。忘《わす》れもしません。レンガを積み上げてこしらえた竈《かまど》で炊《た》いた白米の美味《おい》しかったこと。

そのような学生生活を送り、十五歳で迎《むか》えた八月十五日。私は寮で終戦を知らされました。

兄が戦争に行った時から、もう生きて会うことはないという覚悟《かくご》を家族から教えられていましたし、自ら望んだ看護婦《かんごふ》への道は、死と鮮血《せんけつ》と臭気《しゅうき》とに向き合う生活でしたので、戦争が終わったと聞かされても何の感慨《かんがい》もありませんでした。むしろ終戦後、広島から皮膚《ひふ》がケロイド状《じょう》にただれた患者《かんじゃ》さんが移送《いそう》されてきて、皮膚移植《いしょく》に立ち会う経験《けいけん》を得て、自分の想像《そうぞう》を遥《はる》かに超《こ》える恐《おそ》ろしいことが起きていたのだと実感しました。その後看護《かんご》学科を卒業して、昭和二十二（一九四七）年に東京帝国《ていこく》大学から名称《めいしょう》を改《あらた》めた東京大学で、実習生として働きました。

病院船に乗ることはできませんでしたが、母を失っていた自分にとって看護科学生として過ごした経験は、自立した精神《せいしん》を保《たも》ち続ける一助となりました。

（八月十五日を十五歳《さい》、東京《とうきょう》で迎《むか》えました）

令和二年二月、山梨《やまなし》県西湖畔《さいこはん》「彩呼亭《さいこてい》」にて撮影《さつえい》。

川崎様が看護《かんご》の道を選ぶきっかけになった書籍《しょせき》『病院船』（著者《ちょしゃ》がインタビュー後に入手したもの）。

＊満蒙開拓《まんもうかいたく》青少年義勇軍《ぎゆうぐん》：中国東北部の日本の侵略地《しんりゃくち》「満州国《まんしゅうこく》」開拓のために、十四、五歳《さい》〜十八歳までの青少年を現地《げんち》に移住《いじゅう》させる制度《せいど》、またその青少年たち。

＊病院船：怪我《けが》や病気の人の治療《ちりょう》や輸送《ゆそう》を目的とする船。

＊疎開《そかい》：空襲《くうしゅう》・火災《かさい》による損害《そんがい》を減《へ》らすため、都市部に集中する人や物資《ぶっし》をほかの地に移《うつ》すこと。

7

藤田義直《ふじたよしなお》

昭和七（一九三二）年六月一日生まれ　八十八歳《さい》

藤田義直《ふじたよしなお》様をご紹介《しょうかい》くださったのは、令和二（二〇二〇）年一月、拙著《せっちょ》の取材を受けるために訪《おとず》れた愛媛《えひめ》で出会った、柚山《ゆやま》ていこ様です。

この企画《きかく》をお伝えしたところ、戦争体験者である柚山様のお母様は、体調を崩《くず》され施設《しせつ》に入っておられるとのことでしたが、「あっ、そのかわり、友人のお父様に一度聞いてみましょうか」と、藤田様とのご縁《えん》をいただきました。

コロナ禍《か》のため、私はお目にかかるのをご遠慮《えんりょ》し、柚山様に聞き取りをお願いいたしました。

義直少年が育った柳谷村《やなだにむら》は、田舎《いなか》の中の田舎だそうです。

そこで過《す》ごされた戦中、終戦、その後をまとめてみました。

日本刀をおくらにゃいかん

藤田義直

私は、愛媛《えひめ》県柳谷《やなだに》村で、四人兄弟の末っ子として生まれました。戦争が始まると、三人の兄は次々に兵隊になり家を離《はな》れました。長男は中国黒《こく》竜江《りゅうこう》省牡丹江《ぼたんこう》に、次男は十八歳《さい》で志願《しがん》し南方に送られ、三男は、鹿児島《かごしま》県鹿屋《かのや》基地《ち》の*特攻《とっこう》隊員となりました。

年齢《ねんれい》がもっとも近い三男が出征《しゅっせい》したあと、自分も許《ゆる》される年が来たら戦争に行くのだと強く意識《いしき》しながら、両親の手伝いを続けていました。

柳谷村は高知《こうち》県との県境《けんざかい》にあって、山深い場所です。学校から戻《もど》ると、当時山の上で始めたばかりの水田の田植えや畔《あぜ》の草引きをしたり、藁《わら》や萱《かや》を刈《か》って牛の餌《えさ》にしたりと、できることは何でもやりました。山菜や木の実にも恵《めぐ》まれ、谷川では天然の鰻《うなぎ》、川蟹《かわがに》、鮎《あゆ》が獲《と》れ、戦中も食べ物に困ることはありませんでした。

中国で戦っている長兄からの手紙では、戦況《せんきょう》はいつも明るく、日本の勝利に疑《うたが》いを持ちませんでしたが、終戦の前年の昭和十九（一九四四）年、次男戦死の報《しら》せが届《とど》きました。十九歳《さい》でした。七月五日午前六時、次男が乗っていた輸送船《ゆそうせん》が東シナ海を航行中、敵《てき》の潜水艦《せんすいかん》から攻撃《こうげき》を受け全滅《ぜんめつ》。両親に渡された木箱の中は、空《から》っぽでした。母は一切取り乱《みだ》すことなく、ただ押《お》し黙《だま》ったままでした。

その後、特攻《とっこう》隊員の三男に出撃《しゅつげき》命令が近づいたため、当時の習慣《しゅうかん》に則《のっと》り、家族から日本刀を贈《おく》るように要請《ようせい》がありました。父は、「日本刀をおくらにゃいかん」と、急ぎ伯父《おじ》にあたる村長のところにお金を借りに行きました。そして、立派《りっぱ》な日本刀を手に入れ鹿屋《かのや》基《き》地《ち》へと届けたのです。

二十年七月二十六日深夜、私は中津山《なかつさん》の北側、松山が燃《も》え上がっていくのを見ました。それが、松山市街地が大きな被害《ひがい》を受けた松山大空襲《くうしゅう》だったのです。それでも、新聞には戦況《せんきょう》悪化は書かれていなかったので、日本には神風《かみかぜ》が吹《ふ》いて守られるんだ、日本は勝つんだと信じ込《こ》んでいました。

八月十五日は、ラジオ放送も知らず、山を駆《か》け回った普通《ふつう》の一日でした。戦争が終わったことを知ったのは、そのあと親から聞いたのだろうというほど曖昧《あいまい》です。戦争は大人の世界で起きていること。子どもの自分には、よう分からんことだったのです。

幸いなことに、出撃《しゅつげき》前に終戦を迎《むか》えた三男が、列車に乗って戻《もど》って来ました。「兄ちゃんが、*七つボタンで帰ってきた！」と誇《ほこ》らしかったのを覚えています。牡丹江《ぼたんこう》から国内に戻り、高知の連隊で終戦を迎えた長男は、不要になった様々な軍事物資《ぶっし》を持ち帰ってくれました。金平糖《こんぺいとう》や乾《かん》パンなど、見たことのない珍《めずら》しいものばかりで心踊《おど》りました。

二人の兄が無事帰還《きかん》したことで、以前からの約束通り、私は後継《あとつ》ぎ（男児）がいない実父の弟の家に養子に入り、学校にも伯父《おじ》の家から通うようになっていました。

実父が亡《な》くなった知らせを受けたのは、中学校卒業式の日、答辞《とうじ》を読む直前のことでした。実父は、戦死した次男を「立派《りっぱ》に弔《とむら》ってやりたい」と、数日前に彫《ほ》り上がった墓石《はかいし》を背負《せお》って麓《ふもと》から山の上の墓地《ぼち》まで、一人きりで運び上げていたのです。風が強くとても寒い日で、その時の風邪《かぜ》をこじらせ亡《な》くなりました。享《きょう》年《ねん》五十一。子どもの頃《ころ》私が悪さをすると、馬や牛を繋《つな》いでいた木に縛《しば》りつけられ、暗くなっても解《と》いてくれない、躾《しつけ》に厳《きび》しい父でした。次男の死に対する切なさを、独《ひと》り抱《かか》え込《こ》んで逝《い》ってしまったように思えてなりませんでした。

その後、私は優《やさ》しかった養父母に育てられ、社会人として自立することができました。

初恋《はっこい》の人と心安らげる家庭を築《きず》きあげ、やっと一人前になったと思えたとき、この姿《すがた》を実父にも見せたかったとしみじみ思いました。そして、幸せな日々に生きている私に比《くら》べ、十九歳《さい》でその青春を断《た》たれた兄を思わないではいられません。

父が、兄が、生きていたなら、どんな話ができただろうかと。

（八月十五日を十三歳《さい》、愛媛《えひめ》県柳谷《やなだに》村で迎《むか》えました）

藤田義直

令和二年春、ご本人よりいただいた近影《きんえい》。

＊特攻《とっこう》隊員：特攻隊は特別攻撃隊《こうげきたい》の略《りゃく》。爆弾《ばくだん》を積んで敵艦《てきかん》などに体当たりし自爆攻撃《じばくこうげき》を行った部隊。

＊七つボタン：海軍飛行予科練生の制服《せいふく》。海軍の象徴《しょうちょう》、錨《いかり》と桜の絵が描《えが》かれたボタンが七ついていた。

8 野《の》田《だ》ユ《ゆ》ミ《み》子《こ》

昭和八（一九三三）年五月二十三日生まれ　八十七歳《さい》

高倉《たかくら》は、一つの仕事を終えるごとに、共演者《きょうえんしゃ》やスタッフへの贈《おく》り物として腕時計《うでどけい》を選ぶことが多く、時計メーカー・ロレックスのサービス部長、佐藤宣夫《さとうのぶお》様とご縁《えん》がありました。

奥《おく》様の洋子様は、「我が家の庭で咲《さ》いたものです」と、高倉が好きな花「都忘《みやこわす》れ」を、花束《はなたば》にして毎年お届《とど》けくださり、

ご主人の宣夫様が他界後も、

高倉と洋子様のお付き合いが途絶《とだ》えることはありませんでした。

野田ユミ子様は、洋子様の十一歳《さい》年上のお姉様です。

戦時中の野趣《やしゅ》溢《あふ》れる当時の生活を伺《うかが》えました。

野田ユミ子

謝《あやま》るでもなく

私は女七人男一人の八人兄弟の六人目として、熊本《くまもと》県山鹿《やまが》市に生まれました。

小学校二年生の時、戦争が始まりました。学校は兵隊さんが使うようになったので、生徒はお寺や集会場に分散しました。私の住むところは、軍事基地《きち》などが近くになかったせいか爆弾《ばくだん》は落ちませんでしたが、空襲《くうしゅう》は経験《けいけん》しました。おとっつぁんが農業をしていたので、食べるものには困《こま》りませんでした。おっかさんは、料理が上手で、おとっつぁんが作った小豆《あずき》を入れた饅頭《まんじゅう》や、いきなり団子《だんご》（蒸《ふ》かしたさつまいもを輪切りにし、練って延《の》ばした小麦を包帯みたいに巻《ま》きつけて蒸《む》したもの）や、かき餅《もち》など、季節に合わせていろいろなおやつを作ってくれました。

戦争をもっとも身近に感じたのは、翌年《よくねん》、海軍に入隊した叔父《おじ》が、航空母艦《ぼかん》に乗って戦地に向かうと、挨拶《あいさつ》に来た時のことです。「家の上を、飛行機で三回宙《ちゅう》返《がえ》りするのがさよならの合図だからね」と、叔父は私だけに言い残して去って行きました。それが、叔父《おじ》を見た最後です。インドネシアのジャワで戦死したと聞かされた時、若《わか》くて独身《どくしん》のまま死んでしまったことが可哀想《かわいそう》でなりませんでした。

学校は、勤労奉仕《きんろうほうし》の課外授業《じゅぎょう》ばかりでした。冬になると下駄《げた》をはいてもいいと言われましたが、十月までは裸足《はだし》で登校しなければなりませんでした。天気の良い日は、畑でからいも（さつまいも）を作ったり、河原《かわら》で袋《ふくろ》に砂を詰《つ》めて運動場を均《なら》したり、行軍《こうぐん》といって、学校から一里（約四km）離《はな》れた山から薪《まき》や杉《すぎ》、檜《ひのき》の皮を運んだりの重労働もしました。

畦道《あぜみち》では、必ず足元に気をつけて歩かないといけません。それでも蛇《へび》を踏《ふ》んでしまうことがありました。裸足の足裏《うら》から伝わる違和感《いわかん》に飛びあがりましたが、蛇は何事もなかったかのように、すーっと逃《に》げて行き、咬《か》まれることはありませんでした。大きなミミズもいました。青いのが特徴《とくちょう》で、太さ一cm、体長は三十cmくらいありました（日本最大級、濃紺《のうこん》色のシーボルトミミズのこと）。一番厄介《やっかい》だったのは、田んぼで蛭《ひる》に血を吸《す》われることで、農薬より石灰《せっかい》が効果《こうか》があると知りました。

雨の日は、縄《なわ》ないという草履《ぞうり》の編《あ》み方を習いました。懸命《けんめい》に作りましたが、左右の大きさが違《ちが》うものになってしまいました。

終戦近くなって、沖縄《おきなわ》から親元を離《はな》れたたくさんの子どもたちが疎開《そかい》に来ました。眉《まゆ》が真っ黒で目がぱっちり、顔だちがはっきりした子ばかりでした。

終戦の年、働き者の又作《またさく》じいさんが腎臓《じんぞう》を悪くして入院しましたが、家で死にたいと言って戻《もど》ってきました。家は*灯火管制《かんせい》のため、電球を黒い布《ぬの》で覆《おお》わなければいけません。少しでも明かりが漏《も》れていると、町会の人が「明かりが漏れとるばい！」と注意しに来ます。じいさんが「暗か……、暗か……」と言い続けたので、菜種《なたね》油に火を灯《とも》して枕元《まくらもと》に置いてあげました。家に戻《もど》ってから間もなくだったと思いますが、七月二十七日に、じいさんは息を引き取りました。

八月十五日は、家で家族揃《そろ》ってラジオを聞きました。「耐《た》えがたきを耐え……」。内容《ないよう》をはっきりと聞き取れた私が、「戦争が終った！」と嬉々《きき》として言うと、士官学校の入学を目指していた中学生の兄が、「負けたんだぞ、嬉《うれ》しそうな顔して！」と、語気を強め不満気に言い返してきたことが印象的でした。じいさんがあと少し長生きしてくれていたら、部屋を明るくしてあげられたのにと、残念でなりませんでした。

学校では、戦争が終わったにもかかわらず、ラジオ放送で流された玉音《ぎょくおん》放送を、クラスの一人ひとり指名され、全文を暗唱させられました。

先生が「今までの歴史はうそばっかりだった」と、謝《あやま》るでもなく言われたのを聞き、私は、もう人は信用できないと思いました。これからは、教科書ではなく、好きな本だけを読んで過《す》ごそうと決意しました。当時は、貸本屋《かしほんや》の本が一日一円。私が中学生になった時、*インフレで一日十円に値上《ねあ》がりしたので、一週間五円の図書館に切り替《か》えました。パール・バックの『大地』、カミュの『異邦人《いほうじん》』、戯曲《ぎきょく》「サロメ」、菊池寛《きくちかん》の『第二の接吻《せっぷん》』、エトセトラ、エトセトラ。

私たち八人兄弟は、長女、次女を結核《けっかく》で亡《な》くしましたが、たった一人の兄を除《のぞ》いて、みな女ばかりでとても仲良しでした。おとっつぁんと一緒《いっしょ》に、家の近所にあった温泉《おんせん》に朝に晩《ばん》に行ったこと、田んぼの土手には歩きにくいほどホタルがたくさん飛び交っていたこと、軍に*供出《きょうしゅつ》したものには仏具《ぶつぐ》の四、五十cmほどの蝋燭立《ろうそくた》てのほか、おとっつぁん自慢《じまん》の元競馬馬で、農耕《のうこう》に使っていた「シブキ号」も連れていかれたことなど、今でも思い出話は尽《つ》きません。そうそう、シラミの駆除《くじょ》で*DDT《ディーディーティー》を吹《ふ》きかけられたこともありました。

一年の休みの日のことを、〝正月三日盆《ぼん》二日、田のみ九月一日はただ一日〟（しょうがつみっかぼんふつか、たのみせっくはただひして）と、おとっつぁんは歌いながら、私たち子ども八人のために、農業一筋《ひとすじ》に働き続けてくれました。

白米を見ると、「梅干《ぼ》しはすいかすいかめしゃうまか（梅干しはすっぱいけれどご飯がすすむ）」と歌うおとっつぁんの声が、聞こえてきます。

（八月十五日を十二歳《さい》、熊本《くまもと》県山鹿《やまが》市で迎《むか》えました）

野田ユミ子

ご本人からお送りいただいた近影《きんえい》。

＊灯火管制《かんせい》：夜、戸外に漏《も》れた光が空爆《くうばく》の標的にされることのないよう、夜間も照明を消したり黒い布《ぬの》で電灯を覆《おお》ったりして、灯火の使用を制限《せいげん》したこと。

＊インフレ：モノの価値《かち》が上がり続けること。反対に貨幣《かへい》の価値は下がる。

＊供出《きょうしゅつ》：戦争などの非常事態《ひじょうじたい》下において、政府《せいふ》が民間の物資《ぶっし》・主要農産物などを一定の価格《かかく》で半強《きょう》制的《せいてき》に売り渡《わた》させること。

＊DDT《ディーディーティー》：有機塩素《えんそ》系の殺虫剤《さっちゅうざい》、農薬。戦時中はシラミ駆除《くじょ》などに使われた。日本では一九七一年以降《いこう》、使用が禁止《きんし》されている。

9 山崎《やまざき》佐《さ》知《ち》子《こ》

昭和八（一九三三）年五月一日生まれ　八十七歳《さい》

山崎《やまざき》佐《さ》知《ち》子《こ》は、わたくしの母の姉です。長年、美容院《びよういん》を経営《けいえい》していましたが、今は一線を退《しりぞ》き、現在《げんざい》は、長男夫婦《ふうふ》が店を切り盛《も》りしております。

今回、高倉《たかくら》とのご縁《えん》を辿《たど》って皆《みな》様から話をお聞きする中で、ほかにご証言いただける方がいないかと考えを巡《めぐ》らせている時、ふと、伯母《おば》のことを思い出しました。それまで戦中の話を聞いたことはありませんでしたが、電話で協力の確認《かくにん》をとり、数日後、伯母の住む福島《ふくしま》県へ車を走らせました。灯台下《もと》暗しとはこのことでした。

伯母は二時間半にわたって、自身の記憶《きおく》を呼《よ》び覚《さ》ましてくれました。

子どもながらに必死にプライドを保《たも》とうとした、当時の毅然《きぜん》とした態度《たいど》が印象的でした。

なんで拾うのよ……

「戦争が始まるんだって！」と母親から聞かされたのが、昭和十六（一九四一）年十二月八日。私は小学校二年生でした。

私は昭和八年、和菓子屋《わがしや》を営《いとな》む父母の長女として、栃木《とちぎ》県東那須野《ひがしなすの》村（現那須塩原市）に生まれました。兄妹は四人。和菓子職人《しょくにん》の父が、季節感溢《あふ》れる練切《ねりき》りを美しく仕上げていく姿《すがた》を見るのが何より好きでした。ところが戦争が始まると、菓子作りに欠かせない砂糖《さとう》が手に入りにくくなり、父はやむなく店を畳《たた》みました。その後父は、保険《ほけん》の外交や製材所勤《せいざいしょづと》めをしながら家族を養いました。

四年生頃《ごろ》には食料が配給制《せい》になり、主食の白米はほとんど口にできなくなりました。代わりに配給されたのは、イネ科のモロコシの一種、高粱《コーリャン》です。胃腸が弱かった私は、高粱は苦手。小豆《あずき》やさといも、大根を千切りにして混《ま》ぜて工夫しましたが、高粱のカチカチの食感が変わるわけもなく、好きになれませんでした。

学校の帰り道、ウルリッパと呼《よ》ばれていた草を摘《つ》んで、汁物《しるもの》に使いました。さつまいもは干《ほ》し芋《いも》にして、栗《くり》は殻《から》ごと茹《ゆ》でて干した「搗栗《かちぐり》」にして保存《ほぞん》しました。学校での勉強はなく、勤労奉仕《きんろうほうし》が日常《にちじょう》でした。男手が兵隊に行って人手が足りない農家さんのお手伝いをするのです。生徒二、三十人が先生に引率《いんそつ》され、六月の麦《むぎ》刈《か》り、秋の稲《いね》刈《か》り、明けて二月は麦《むぎ》踏《ふ》みでした。

家の食料が尽《つ》きてくると、母の嫁《よめ》入《い》りの時の着物や帯を農家に持ち込《こ》みました。えっ、これだけというほど僅《わず》かばかりのお米との交換《こうかん》で、配給された砂糖も農家行きになりました。いよいよ交換できるものがなくなると、長女の私が知り合いの家にお金を借りに行かされました。子どもながらに、貧乏《びんぼう》は嫌《いや》だと心底感じさせられる辛《つら》い辛い経験《けいけん》でした。

私の村に、全国から疎開《そかい》の子どもたちが集まって来ました。寝泊《ねと》まりはお寺、そこから学校に通うのです。一学年三クラス、それぞれに十人ほど新しい顔が増《ふ》えました。親戚《しんせき》を頼《たよ》って沖縄《おきなわ》から来た女の子は、ひと目でここらの子どもと違《ちが》う、目鼻立ちがはっきりした可愛《かわい》い子でした。自分と同い歳《とし》の子が、親元を離《はな》れて過《す》ごさなければならないことを知って、私の家は貧乏《びんぼう》だけれど、両親と一緒《いっしょ》にいられるだけで、幸せなのだと感じました。

供出《きょうしゅつ》（↓74ページ）では、どの家からも銅鍋《あかなべ》や鉄鍋、ネックレスなどの貴金属《ききんぞく》が納《おさ》められていました。ある日、普段《ふだん》はとても穏《おだ》やかな祖父《そふ》が、大声で怒鳴《どな》っていたことがありました。役人が我《わ》が家の狆《チン》（犬）を連れて行こうとしていたからでした。それまでも年に数回の野犬狩《が》りは知っていましたが、兵隊さんの防寒着《ぼうかんぎ》にするために我が家の狆まで供出するに至《いた》って、皆《みな》しばらく無言のままでした。

五年生では警戒警報《けいかいけいほう》のサイレンが頻繁《ひんぱん》に聞かれるようになり、火消バケツリレーや竹槍《たけやり》訓練が始まりました。父と兄が家の敷地《しきち》内に、防空壕《ぼうくうごう》を掘《ほ》りました。地表から四段《だん》降《お》りたその奥《おく》に、大人四、五人が入れるくらいの広さがありました。子どもたちは、毎晩《まいばん》寝床《ねどこ》に下駄《げた》と防空頭巾《ぼうくうずきん》を準備《じゅんび》して寝《ね》ますが、あまりにもしょっちゅうサイレンが鳴らされ、眠気《ねむけ》に勝てず防空壕への避難《ひなん》が億劫《おっくう》になりました。

家の裏《うら》にあった映画館《えいがかん》は、陸軍の寄宿舎《きしゅくしゃ》となりました。宇都宮《うつのみや》からトラックに乗せられて移動《いどう》してきた一〇〇〇人ほどの兵隊さんがいました。陸軍の制服姿《せいふくすがた》の格好《かっこう》良さに、子どもたちは皆憧《あこが》れましたが、日常的《にちじょうてき》な制裁《せいさい》で兵隊さんに死者が出るに至《いた》って、その様子を目にした村の年長者が怒鳴《どな》り込《こ》んだとも聞きました。

東那須野《ひがしなすの》村は、北に埼玉《さきたま》飛行場（現那須塩原市）、南に金丸《かねまる》飛行場（大田原市）が作られていて、終戦直前まで特攻隊《とっこうたい》が出撃《しゅつげき》訓練をしている様子が見られました。

昭和二十年八月十五日は、とっても暑い日でした。当時、「最高に暑いね」と言われた気温二十八度だったと記憶《きおく》しています。

いつもと変わらず八時に登校して勤労奉仕《きんろうほうし》に向かいましたが、途中《とちゅう》爆音《ばくおん》とともに敵機《てっき》が見えて、同行していた先生が「林に逃《に》げろ！」と叫《さけ》びました。結局その日は、作業をせずに家に帰らされました。母親から「昼に重大放送があるんだって」と言われ、家にあったラジオを聞きました。天皇陛下《てんのうへいか》様のお声が流れてきました。今でもその声は耳に残っています。私には何を言っているか分かりませんでしたが、母が泣きながら「戦争が……終わった……」と力なく呟《つぶや》きました。私は、終戦と聞いて、これからは黒い幕《まく》を外して電灯を点《つ》けられる。明かりが漏《も》れて警官《けいかん》に怒鳴《どな》り込《こ》まれなくて済《す》むんだと、ほっとしました。

終戦後ほどなくして、*進駐軍《しんちゅうぐん》が村にやって来ました。親からは「（進駐軍は）怖《こわ》いんだから、押《お》し入れに隠《かく》れてろ」と言われましたが、家の隣《となり》の料理屋さんが急に騒《さわ》がしくなったのが気になって、外に出ました。ちょうど、進駐軍の位の上の人たちが二階に上がって行くところで、料理屋さんの外に集まった大勢《おおぜい》の子どもたち目がけて、ガムやチョコレートを放り投げ始めました。子どもたちが無邪《むじゃ》気《き》に拾い集める姿《すがた》が、砂糖《さとう》にたかる蟻《あり》のように見えた私は「何で拾うのよ……」と、情《なさ》けない思いで家影《いえかげ》に隠《かく》れて眺《なが》めました。その時、二階から降《お》りてきた兵隊さんが私に気付いて、丁寧《ていねい》にチョコレートを手渡《てわた》してくれたのです。優《やさ》しい人でした。そのチョコレートの、なんと美味《おい》しかったこと。

食糧事情《しょくりょうじじょう》の悪さは、終戦後五年くらいは変わりませんでしたが、私の唯一《ゆいいっ》の娯楽《ごらく》の読書は、思う存分《ぞんぶん》できました。貸本屋《かしほんや》さんに通い、同郷《どうきょう》の吉屋信子《よしやのぶこ》の小説や、『夾竹桃《きょうちくとう》の花咲《さ》けば』『椿姫《つばきひめ》』『虞美人草《ぐびじんそう》』を読みました。そして、親がこっそり読んでいた菊池寛《きくちかん》の『真珠《しんじゅ》夫人』を盗《ぬす》み読みもしました。

私が十七歳《さい》のとき、父が製材所《せいざいしょ》での不慮《ふりょ》の事故《じこ》で急死。進学は叶《かな》わぬ夢《ゆめ》となりましたが、戦争体験を通して、人としての品を失うことなく生きたいと、信念を強くしました。

（八月十五日を十二歳《さい》、栃木《とちぎ》県東那須野《ひがしなすの》村で迎《むか》えました）

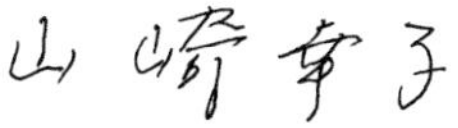

令和二年三月、福島《ふくしま》の旅館にて撮影《さつえい》。

＊進駐軍《しんちゅうぐん》：ほかの国に進軍し、一定期間留《と》まる（進駐）する軍隊。戦後日本に入った進駐軍はアメリカ軍中心。本部に当たる連合国軍総《そう》司令部（ＧＨＱ）が東京に置かれた。

こぼれ話

貧乏《びんぼう》は嫌《いや》だ！

五人兄弟の第一子にして長女である伯母《おば》は、「働き者、しっかり者、どんな苦労にも負けないで一つひとつ乗り越《こ》えてきた人」として、子どもの頃《ころ》からわたくしの目に焼き付いている人です。

その伯母の、「本当にね、あの頃は、物がないんだもの……。み〜んな貧乏《びんぼう》だった。本当に、貧乏は嫌《いや》だ！」と、強く語る言葉を、その後の伯母の生き方の原点を見る思いで聞きました。

「学校っていったって、勉強なんかしないんだもの。今日は、あっちの農家、こっちの農家って、毎日農作業させられてね。時々、作業が終わるとおやつをくださる優《やさ》しい人もいたけれど、私はとにかく勉強がしたかったわ！」

「私は、勉強が好きだったのよ。だから女学校に進学したかった。学校の先生が家に来て、親に進学の話をしてくれたんだけど、うちのどこ探したって、進学するためのお金なんてないんだもの。でも、しばらく諦《あきら》めきれなかったわ……」

キラキラとした眼《め》でこう話してくれた伯母は、戦後通った貸本《かしほん》屋の話になると大盛《おおも》り上がり。好きだった本のタイトルが次から次に出てきて、メモを取るのが追い付かないほどでした。

「今の子どもたちは、恵《めぐ》まれてるわよ。それなのに、本も読まないでしょ。本当に勿体無《もったいな》いと思うわ。私たちは活字に飢《う》えてたのよ。昔は水だって、家の外の井戸《いど》に汲《く》みにいくでしょ。お風呂《ふろ》を沸《わ》かす薪《まき》なんか、山に探しにいくんだからね、本を読む、お金も時間もなかったの」と、そこには、今では三人のひ孫《まご》に恵まれた伯母の笑顔《えがお》がありました。

10

下世吉美《しもせよしみ》

昭和八（一九三三）年十一月十五日生まれ　八十六歳《さい》

下世吉美《しもせよしみ》様は、高倉《たかくら》主演《しゅえん》の映画《えいが》『ホタル』のロケ地、鹿児島《かごしま》県垂水《たるみず》市牛根麓《うしねふもと》にある、松ケ崎《まつがさき》郷土史研究会の会長です。

松ケ崎小学校の瀬戸山功郎《せとやまこうろう》校長からご紹介《しょうかい》を受けました。

映画の中で牛根麓の漁港は、

高倉が手記を読むシーンで印象的に映《うつ》し出されています。

垂水市にて、ご本人から直接《ちょくせつ》お話を伺《うかが》う予定でおりましたが、新型コロナウイルスの感染拡大《かんせんかくだい》に伴《ともな》い、電話取材となりました。

鹿児島方言を正しく理解《りかい》する自信がないわたくしを助けてくださったのは、現地《げんち》の漁業組合筆頭理事・篠原重人《しのはらしげと》様でした。

下世様の言葉を、篠原様が逐次通訳《ちくじつうやく》してくださいました。

下世吉美

山小屋での終戦、桜島《さくらじま》の噴火《ふんか》

私が戦地（中国）から戻《もど》った父に会ったのは、福岡《ふくおか》県小倉《こくら》の陸軍病院でした。母は二人の姉ではなく、長男の私だけを病院に連れていきました。小学校二年生の時だったと思います。父の顔は写真で知っていましたが、その父が、ベッドの上に横たわっていたのです。右脚《みぎあし》を負傷《ふしょう》していました。結局、太もも半分から下を切断《せつだん》し、義足《ぎそく》ではまともに仕事ができないので、家族して福岡から、父の実家の鹿児島《かごしま》県に移《うつ》り住むことになりました。小学校四年だった私は、初めての汽車の旅にわくわくしました。着いた牛根麓《うしねふもと》には、青い海が広がっていました。

転校したのは松ヶ崎《まつがさき》小学校です。福岡で通っていた姿《すがた》のままランドセルを背負《せお》い、革靴《かわぐつ》を履《は》いて登校すると、生徒のほとんどは裸足《はだし》で、教科書は風呂敷《ふろしき》に包むか、布《ぬの》の鞄《かばん》を肩《かた》から下げていました。次の日から私は、父が編《あ》んでくれた草履《ぞうり》を履き、教科書を風呂敷包みにしてまわりの生徒に溶《と》け込《こ》んだつもりでしたが、問題は鹿児島弁《かごしまべん》でした。国語の授業《じゅぎょう》は福岡《ふくおか》と同じ標準語《ひょうじゅんご》でしたが、同級生と話が通じません。「こんた普通語《ふつうご》を使わい（こいつは標準語を話してるぞ）」と、茶化され続けました。

父の弟は早くに戦死していて、頼《たよ》れる親族は多くないので、私は学校から帰ると、父の縄《なわ》作りを手伝いました。縄作りの最後に使うのが足踏《あしぶ》み式の縄編《なわあ》み機で、私は父の足替《が》わりとなって、踏板《ふみいた》を動かし続けました。

小学五年の九月、初めて水上飛行機を見ました。集落の人たちが桜島《さくらじま》を望む浜《はま》に集まって、日の丸の旗を振《ふ》りながら「万歳《ばんざい》、万歳《ばんざい》」と大声で叫《さけ》んでいました。ところがある日、「バッワ～～ン！」という爆音《ばくおん》と共に桜島の溶岩《ようがん》近くへ水上偵察機《ていさつき》が墜落《ついらく》しました。フロート（水上飛行機の足部についた浮《う》き舟）が引っくり返っていました。地引き網《あみ》の縄《なわ》をマッドと呼《よ》ばれる轆轤《ろくろ》で巻《ま》き上げて、機体を浜に引き寄《よ》せるのを、集落総出《そうで》で手伝いました。パイロット三名の遺体《いたい》は公民館に安置され、その場を仕切っていた村長が「子どんには見すんな、戦争に行かせんとならんたって（子どもには見せちゃいかん、戦争に行かせないといけないのだから）」と、大声を出していました。私は、パイロットのむごさを思いました。

終戦の年、三月の終わり頃から鹿児島市が度々空爆されました。六月（十七日）の大空襲は深夜から始まり、大編隊での爆撃は一時間近く続きました。市街地を焼き尽くす炎が、桜島の輪郭を真赤に浮かび上がらせていました。

その後、松ヶ崎小学校周辺が軍の秘密基地になり、私たちは学校の屋根を草や藪でカムフラージュするのを手伝いました。

その頃、集落の女子高生が、バスの停留所で米軍の機関銃に打たれて大けがをしました。民間人が容赦なく狙われたことを知り、住民は山奥への避難を急ぎました。私たち家族は水の出る場所に、屋根は茅葺き、床はござ敷きの掘っ建て小屋を作って移り住みました。

九月に入った頃だったと思います。「戦争が終わったっちょ（戦争が終わったらしい）」と、山小屋周辺に終戦の噂が流れました。「八月十五日」は、いつの間にか過《す》ぎ去《さ》っていました。

私にとって終戦より辛《つら》かったのは、昭和二十一年三月の桜島《さくらじま》の大噴火《ふんか》でした。大量の火山灰《かざんばい》が降《ふ》り注ぎ、戦後長引いていた食糧難《しょくりょうなん》が、一層《いっそう》酷《ひど》くなったのです。

家の手伝いで学校に通えない日が増《ふ》えていた頃《ころ》、担任《たんにん》の先生が家を訪《たず》ねてきて「がっこんそっぎょしきん出やんとさ（学校の卒業式に出なさいよ）」と言ってくれました。優《やさ》しい先生のお陰《かげ》で、私は向学心を失わず過《す》ごすことができました。

（八月十五日を十一歳《さい》、鹿児島《かごしま》県垂水《たるみず》市で迎《むか》えました）

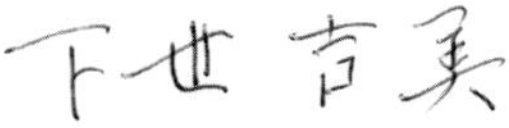

令和二年四月、篠原重人《しのはらしげと》様撮影《さつえい》。

11

吉田《よしだ》かほる

昭和八（一九三三）年十一月十一日生まれ　八十六歳《さい》

この企画《きかく》が決まってすぐに思い浮《う》かべた、北海道札幌《ほっかいどうさっぽろ》の「カフェノエル」さんは、
高倉《たかくら》が、北海道での撮影《さつえい》があると必ず立ち寄《よ》ったカフェです。
オープンから三十年以上、いろいろなお客様と接《せっ》してこられたオーナーご夫妻《ふさい》に、
「高倉とのご縁《えん》を辿《たど》りながら進めております」とお伝えしたところ、
後日、ノエルさんに十年来お越《こ》しの、吉田かほる様をご紹介《しょうかい》くださいました。
令和元（二〇一九）年十一月十四日、ノエルさんの二階で、
高倉が好きだった珈琲《コーヒー》をいただきながら、インタビューを始めました。
ご証言者《しょうげんしゃ》のトップバッターでしたので、わたくし自身も緊張《きんちょう》しておりましたが、
吉田様は、「私ね、コマーシャルの撮影場所で健さんを見たことあるのよ。
このお話をいただいて、ご縁を感じましたよ」と、場を和《なご》ませてくださいました。

機銃掃射《きじゅうそうしゃ》のあとの雷管《らいかん》拾い

私は東京神田《とうきょうかんだ》で生まれ、二歳《さい》で北海道釧路《ほっかいどうくしろ》の町中に移《うつ》り住みました。小学校二年の時、歯科医の父が炭鉱住宅《たんこうじゅうたく》で仕事をするため、道内の内陸に移りました。

長女だった私は、六歳違《さいちが》いの小学校一年の妹と一緒《いっしょ》に、防空頭巾《ぼうくうずきん》と、炒米《いりごめ》や炒《いり》豆《まめ》の入った雑嚢《ざつのう》を肩《かた》から下げて登校しました。学校の門をくぐると姿勢《しせい》を正して*奉安殿《ほうあんでん》に一礼。先生方は、その様子を校舎《こうしゃ》から見ていて、いい加減《かげん》な生徒にはビンタが待っていました。私の担任《たんにん》は、女学校を出たての若《わか》い*代用教員。学校では、半日は原っぱでの素掘《すぼ》りの防空壕《ぼうくうごう》掘りや畑作り。防空壕の穴《あな》を塞《ふさ》ぐのは、約二m四方の茶色い一反風呂敷《いったんぶろしき》でした。機銃掃射《きじゅうそうしゃ》が日常《にちじょう》となっていた頃《ころ》、子ども心に、この防空壕の中にいたら死んでしまうに違《ちが》いないと、勉強をする気も失《う》せていきました。畑も作らされ、学校のトイレから自分たちの肥《こ》やしをバケツに入れて畑に蒔《ま》きました。

歯科医の父は、戦争の始まった頃《ころ》、世界地図を広げて「こっちがアメリカ、こっちが日本、どっちが勝つと思う？」と、私に聞いたことがありました。

釧路《くしろ》の町を焼け出された人たちが、内陸の山へ山へと逃《に》げてくる日々、小学校では、長刀《なぎなた》の教練がありました。北海道には竹がないので、木刀の長いもので、釧路《くしろ》の港に上陸した敵兵《てきへい》の喉元《のどもと》を突《つ》くための練習です。私は、父との会話を思い出し、「鉄砲《てっぽう》で打たれたら勝目はないです」と思わず口走ってしまったのですが、先生の答えは、問答無用の往復《おうふく》ビンタでした。また、武器《ぶき》生産のためとして、庶《しょ》民《みん》は鍋窯《なべかま》まで金目のものはすべて供出《きょうしゅつ》しなければなりませんでした。供出するために、機銃掃射《きじゅうそうしゃ》のあとに散らばるまだ熱い雷管《らいかん》を子どもたちが拾い集める姿《すがた》が、私は不気味で仕方なく、思考を奪《うば》う洗脳《せんのう》の怖《こわ》さを、覚めた目で見つめました。

炭鉱《たんこう》では、朝鮮《ちょうせん》の人たちが大勢《おおぜい》働いていて、子どもながらに、この人たちがいるおかげで炭鉱に活気が漲《みなぎ》っているのだと感じました。学校の同級生にも、朝鮮の子どもたちがたくさんいました。裸足《はだし》で、着る物の替《か》えもほとんどないようでしたが、弁当《べんとう》だけはとびきり上等だったことが忘《わす》れられません。今でいうホルモンなどを調理していて、おいしそうでした。たくましく見えました。

ある日、ラジオ放送を聞くために、私たちは学校に集められました。天皇陛下《てんのうへいか》の「耐《た》えがたきを耐え……」はわかりましたが、そのあとは良く聞こえませんでした。男性《だんせい》の先生がおいおいと泣き始め、放送が終わっても何の説明もないまま家に帰らされました。母から、「負けたらしいよ」と聞いて初めて、敗戦を知りました。

その時、私は思いました。今日からは明るく暮《く》らせる。電灯を覆《おお》っていた黒い布《ぬの》を外してもいいんだと。軍靴《ぐんくつ》のゴツゴツとした音をもう聞かなくても済《す》むんだと。そして私は思わず走り出していました。家の灯《あか》り漏《も》れを小うるさく言い続けた忌々《いまいま》しい町内の班長《はんちょう》さんの家に。でも、なぜかその家には、すでに誰《だれ》の気配もなかったのです。私は、あの問答無用の往復《おうふく》ビンタの頬《ほほ》の痛《いた》み、胸《むね》の痛みを忘れたことはありません。先生の誰一人、詫《わ》びてくれる人もいませんでした。

私は、大人を信じなくなりました。

（八月十五日を十一歳《さい》、北海道釧路《ほっかいどうくしろ》で迎《むか》えました）

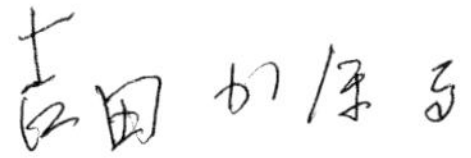

二〇一九年十一月、札幌《さっぽろ》のカフェノエルにて撮影《さつえい》。

＊奉安殿《ほうあんでん》：第二次世界大戦前・大戦中、学校で、御真影《ごしんえい》（天皇《てんのう》・皇后《こうごう》の写真）や教育勅語《ちょくご》（日本の教育の基本方針《きほんほうしん》を示《しめ》した明治天皇の勅語《ちょくご》）などを保管《ほかん》するための特別な建物。昭和二十三（一九四八）年廃止《はいし》。

＊代用教員：正式な教員の資格《しかく》を持たずに勤務《きんむ》した者。

こぼれ話

同じ人間だと思えない美しさ！

高倉《たかくら》が仕事で札幌《さっぽろ》に行く度に足繁《あししげ》く通った場所カフェノエルは、昭和六十二（一九八七）年、札幌《さっぽろ》市豊平《とよひら》区月寒《さむ》にオープンしました。高倉がはじめて訪《たず》ねたのは、平成三（一九九一）年のＪＲＡ《ジェイアールエー》のＣＭ《シーエム》撮影《さつえい》の時でした。以来、豊平区福住《ふくずみ》に移《うつ》られた現在《げんざい》の店を含《ふく》めると、「来ていただいたのは、一〇〇回はないくらいかな」と店主、宮越《みやこし》精一《せいいち》・純子《じゅんこ》様が嬉《うれ》しそうに話してくださいました。

ある時、仕事の打ち上げで夜遅《おそ》くなってから店を訪ねた高倉たち大勢《おおぜい》に、精一さんが、何人かで一個を分けてもらえるように、純子さん手作りのチョコレートブラウニーをテーブルの上に置かれたそうです。ところが、たまたま高倉の前にはなかったので、「マスター、僕《ぼく》にはないの？　それ食べたいなぁ」と、笑いながらリクエストがあったとのこと。

長いカウンターのある、カフェノエルの店内。

ご夫妻《ふさい》の仲の良さが醸《かも》し出す温かさと、世話を焼かれ過《す》ぎないほどよい距離感《きょりかん》に、高倉《たかくら》はほっとできたのだと思います。

純子《じゅんこ》さん曰《いわ》く、「普段《ふだん》とってもおしゃべりなマスターが、健《けん》さんの前では無口になるくらい、健さんがおしゃべりだったのよ！　ノエルに初めて来てくださった時の健さんは、六十代だったのかしらね。あんまり美しくて、私たちと同じ人間とは思えなかったわ。世の中にこんなにきれいな人がいらっしゃるんだって！」と、当時のことを懐《なつ》かしく振《ふ》り返ってくださいました。

「僕は、お会いできていないんです」とは、三男の康介《やすゆき》さん。私がインタビューで訪ねた時には、精一さん、純子さんとご一緒《いっしょ》にカフェノエルを盛《も》り立てていらっしゃいました。

12

米《め》田《た》フミ子《こ》

昭和九（一九三四）年一月二日生まれ　八十六歳《さい》

米《め》田《た》フミ子様は、高倉《たかくら》主演《しゅえん》の映画《えいが》『ホタル』の撮影《さつえい》の際《さい》、
垂水《たるみず》市海潟《かいがた》の漁業《ぎょぎょう》協同組合・女性部《じょせいぶ》として炊《た》き出しに参加され、
映画の完成祝いの際にも、植樹祭《しょくじゅさい》にお立ち会いくださいました。
八十六歳《さい》の今でも、語り部として、
小学校の生徒さんに戦争体験をお話しされておられるとのこと。
米田様も、コロナ禍《か》で電話インタビューとなりましたが、
事前に、終戦前後の思い出を書き留《と》めておいてくださいました。
わたくしが原稿《げんこう》をまとめるにあたり、参考になりました。
ご配慮《はいりょ》をいただきまして、ありがとうございました。

米田フミ子

ありえなかっこと

「万歳《ばんざい》、万歳」と、町から兵隊さんたちを意気揚々《ようよう》と送り出したのは、私が小学二年生の時でした。

私は、男三人女三人兄妹の五番目として、鹿児島《かごしま》県垂水《たるみず》市海潟《かいがた》に生まれました。海潟は、目の前に桜島《さくらじま》を望む漁港で、父は樽《たる》作りの職人《しょくにん》をしていました。

十五歳違《さいちが》いの一番上の兄は、利《き》き手の指をなくしていて、銃《じゅう》の引き金を引けないとの理由で兵隊にはなりませんでした。二番目の兄は、陸軍衛生兵《えいせいへい》としてポルトガル領《りょう》チモール島へ、三番目の兄は、陸軍兵士として台湾《たいわん》の高雄《たかお》に行きました。

日本の兵隊はどこに行っても負けないと教わり、運動会のお遊戯《ゆうぎ》は鉄砲《てっぽう》を担《かつ》いだ兵隊さんと踊《おど》り、戦地の兵隊さんに、励《はげ》ましの手紙を書いたりもしていました。

小学三年生の時、多くの家が立ち退《の》かされ、川の流れも変えられた跡地《あとち》に、日本郵船《ゆうせん》海潟造船所《ぞうせんじょ》が造《つく》られました。そこで働く二〇〇〇人近くが、家族を連れて移《うつ》り住んできました。私の小学校は、一学年が男子だけの「い組」、男女共学の「ろ組」、女子のみの「は組」の三クラスに分けられていましたが、造船所《ぞうせんじょ》ができてから、一クラス三十名だったのが、四十～五十名に増《ふ》え、教室の中は、身動きがとれないほどぎゅうぎゅう詰《づ》めになりました。

造船所では、二五〇トンクラスの大きな木造船《もくぞうせん》が急ピッチで造られて、十二月十四日の朝、三十隻《せき》目の進水式を大勢《おおぜい》の人が見守りました。船は海に向かって動き始めましたが、途中《とちゅう》で立往生《たちおうじょう》してしまいました。不吉《ふきつ》な雰囲気《ふんいき》を蹴散《けち》らそうと、式典参加者の誰《だれ》かが歌を歌い始めて、その場にいたみんなが大合唱したのを覚えています。

立派《りっぱ》な海軍の官舎《かんしゃ》や、魚雷発射《ぎょらいはっしゃ》の練習場も次々と造《つく》られていきました。何もかもが物珍《ものめずら》しく、特に、桜島に向かって発射《はっしゃ》される魚雷《ぎょらい》は迫力《はくりょく》がありました。家が浜《はま》に近かったので、私は小船の影《かげ》に隠《かく》れて、魚雷発射と同時に海中にできる緑色の航跡《こうせき》を飽《あ》きずに見ていたものでした。

四年生の授業《じゅぎょう》中、教室の外から聞いたことの無い音がして、飛行機が海の上に舞《ま》い降《お》りる様子が見えました。生徒たちは引き留《と》める先生を振《ふ》り切って、我《われ》先に教室を飛び出して浜に走っていきました。初めて見る、水上飛行機に大興奮《こうふん》でした。私たちが教室に戻《もど》ると、「あんたまじーは、あげんあんねか所に行ってやっせんでしょー！（あんな危《あぶ》ない所に行って、あなたたちはダメでしょう）」と、案の定《じょう》、先生からきつく叱《しか》られました。

そのうち、食料は配給になりました。鉄の鍋釜《なべかま》は供出《きょうしゅつ》しているので、土鍋《どなべ》で玄《げん》米《まい》を炊《た》きました。焦《こ》げついた米を残すまいと必死になるあまり、鍋の底を突《つ》き壊《こわ》したこともありました。お腹を満たそうと、麦を足しました。さつまいもを干《ほ》したり粉にしたりしたものや、石蕗《つわぶき》やノビ（野蒜《のびる》）もよく食べました。何だか、虫になっていくような気がしました。白状《はくじょう》すると、他の家で育てていたきゅうりや枇杷《びわ》、茄《なすび》を黙《だま》っていただいてきてしまうことも度々ありました。ごめんなさい。

学校へは、裸足《はだし》で通っていました。草鞋《わらじ》もあまり見かけません。学校での規律《きりつ》はどんどん厳《きび》しくなり、真冬に霜《しも》が下りた時でさえ、校庭で行われる朝礼で裸足《はだし》のままぴくりとも動くなというのは、本当に辛《つら》かったです。しもやけや皹《ひび》切《ぎ》れは当たり前でした。時折、学校に配給される靴《くつ》は、一クラスに五足ほどしかありません。私はくじ引きに外れてばかりでした。

五年生の時、元日の学校の式典で、グラマン（米海軍の艦上戦闘機《かんじょうせんとうき》）を初めて見ました。小鳥のような小ささでしたが、一瞬《いっしゅん》ピカッと光りました。誰《だれ》かが、「あいは写真を撮《と》っちょったたっど（あれは写真を撮っていったんだ）」と言いました。三月十八日には、今度はとんびほどの大きさに見えるグラマンが、造船所《ぞうせんじょ》を目がけて爆弾《ばくだん》を落としていきました。目標を逸《そ》れた爆弾《ばくだん》が、海に停めてあった大きな船と、六つの部落を焼き尽《つ》くしました。当時の家は瓦《かわら》屋根、平木《ひらぎ》屋根（南九州に古くからある太陽の熱を防《ふせ》ぐための工法）、麦藁葺《むぎわらぶき》の屋根で、隣《となり》の家との境《さかい》は養殖《ようしょく》用の古い竹籠《たけかご》。火がつけばひとたまりもありませんでした。子どもたちも後片付《あとかたづ》けに駆《か》り出され、筵《むしろ》に紐《ひも》を付けて瓦《かわら》を運びました。近所のおじさんから、

「これが爆弾やっど！」と、爆弾が落ちて窪《くぼ》んだところを見せられました。

それから、山の中に防空壕《ぼうくうごう》を掘《ほ》りました。そこへ避難《ひなん》した同級生が、山の水を飲んで具合が悪くなり亡《な》くなりました。町に病院はなく、何の手当もできませんでした。原因《げんいん》は*赤痢《せきり》とわかり、山の水を飲まないよう注意されました。

着る物も切符制《きっぷせい》になりました。着物を解《ほど》いて、足りなくなったパンツやシュミーズに縫《ぬ》い直しました。

八月十五日、親から日本が負けたことを知らされました。ありえなかっ（ありえない）ことに思え、泣けてきました。小学校六年でした。

戦後しばらくして、台湾《たいわん》から、そしてチモール島から、二人の兄がそれぞれ背《はい》嚢《のう》一つ背負《せお》って、生きて家に戻《もど》ってきました。チモール島から戻った兄は、軍医の傍《かたわら》で書類書きを任《まか》されていたことや、食糧《しょくりょう》に困《こま》り、畑でかぼちゃを作って食べたこと、現地《げんち》の人にとても助けてもらったことなどを話してくれました。

私は、空襲警報《くうしゅうけいほう》も鳴らず、爆弾も落ちてこない安心感に包まれ、海で思い切り泳ぎました。男の子は、すっぽんぽん。私は、水着代わりに手作りのパンツとシュミーズを着て、波打ち際《ぎわ》の小魚を、両脚《りょうあし》で挟《はさ》んで得意になって捕《つか》まえました。

今でも十五夜になると思い出すのは、海軍の官舎《かんしゃ》で、相撲《すもう》大会や綱引《つなひ》きのあと振《ふ》る舞《ま》ってもらった砂糖湯《さとうゆ》です。戦時中の数少ない嬉《うれ》しい記憶《きおく》です。あの時の砂糖湯は、この世にこれほど美味《おい》しいものがあるのかと思うほど甘露《かんろ》でした。

（八月十五日を十一歳《さい》、鹿児島《かごしま》県垂水《たるみず》市海潟《かいがた》で迎《むか》えました）

米田フミ子

令和二年四月、篠原重人《しのはらしげと》様撮影《さつえい》。

＊赤痢《せきり》：おもに大腸《だいちょう》の粘膜《ねんまく》に炎症《えんしょう》を引き起こす急性《きゅうせい》の感染症《かんせんしょう》の一つで、高熱、腹痛《ふくつう》、粘液《ねんえき》や血液《けつえき》の混《ま》じった下痢《げり》を繰《く》り返す。食べ物などを介《かい》して感染。

13 岸下長次郎《きししたちょうじろう》

昭和十（一九三五）年六月一日生まれ　八十五歳《さい》

岸下長次郎《きししたちょうじろう》様は、高倉主演《たかくらしゅえん》の映画《えいが》『ホタル』の撮影《さつえい》が行われた指宿《いぶすき》にお住まいで、漁師《りょうし》として生計を立てておられます。

電話インタビューの際《さい》、長男で鹿児島《かごしま》県立鹿児島水産高校元校長・岸下純弘《きししたすみひろ》様が同席くださり、漁業《ぎょぎょう》協同組合の篠原重人《しのはらしげと》様に通訳《つうやく》をお願いしました。

長次郎様が、水深十メートルの海底に潜《ひそ》んでいるヒラメのほこつき漁《りょう》や、タコ漁などの話をされたあと、純弘様は、こう教えてくださいました。

「子どもの頃《ころ》、休みの日に学校の友だちが遊んでいる時、自分はいつも、父の小取《こど》り（小間使い）でした。でもその体験のお陰《かげ》で、水産を教える仕事に就《つ》けたと思っています。校長職《しょく》を終えた今でも、父の漁の腕《うで》には敵《かな》いません」

と、お父様への尊敬《そんけい》の念をお話してくださったのが、印象に残りました。

グラマンの機《き》銃《じゅう》掃《そう》射《しゃ》

私は、昭和十年六月一日、鹿児島《かごしま》県薩摩《さつま》半島指宿《いぶすき》に生まれました。四歳《さい》上の姉がいました。目の前に広がる鹿児島湾《わん》は、日本の海域《かいいき》で一番初めに黒潮《くろしお》が流れ込《こ》む場所です。水深十m以上の海底を見通せるほど青く澄《す》み、*ほこつき漁《りょう》が盛《さか》んです。

父は、半農半漁を営《いとな》みながら船の整備士《せいびし》もしていましたが、船の修理《しゅうり》で肺《はい》を傷《いた》め、二十九歳《さい》で亡《な》くなりました。私は生後十一ケ月でした。徴兵検査《ちょうへいけんさ》で写された一枚の写真が、父の面影《おもかげ》を知るすべてとなりました。

その後、私は軍国主義のさなか小学校に入学しました。登校すると、奉安殿《ほうあんでん》（↓93ページ）に一礼します。小学校三年生になると建物は兵隊が使うようになったので、児童は机《つくえ》と椅子《いす》を運び出し、山の中で授業《じゅぎょう》を受けました。命を守ることを叩《たた》き込《こ》まれました。雨が降《ふ》れば、授業はありません。

低学年生の*勤労奉仕《きんろうほうし》には、軍に納《おさ》める木炭作りの手伝いがありました。学校から三km離《はな》れた林に行き、切り倒《たお》された木を、男児も女児も一人一本ずつ、学校の敷地《しきち》まで運びます。木の長さは二、三m、太さは大人の手のグーほどでした。担《かつ》いだり引きずったり、皆《みな》一生懸命《けんめい》でした。

家が農家をしている子どもは、「いもとり休暇《きゅうか》」や「むぎとり休暇」が許《ゆる》されていました。家を離れて兵隊となった父親の代わりとして、子どもたちも立派《りっぱ》な働き手の一人となっていたのです。

学年が上がるごとに、殴《なぐ》られることが増《ふ》えました。理由はありません。一学年四クラスで、私は男児だけの組でした。ある日、「宿題をせっこんかったっち（宿題をしてこなかった）」と先生が怒鳴《どな》り、クラス全員がパンツ一丁で雨の降《ふ》る中、校庭を二周走らせられました。とても寒い日でした。降り積もる雪の中を、裸足《はだし》でひたすら歩かされたこともありました。草鞋《わらじ》は禁止《きんし》です。でも、見かねたばあちゃんが、「黙《だま》っおればわからんち（黙っていればわからない）」と、草鞋を編《あ》んで持たせてくれました。その先生が徴兵《ちょうへい》され、戦死したと聞かされても、同情《どうじょう》する児童は誰《だれ》一人いませんでした。

小学校三年の頃《ころ》から、米軍機を目にすることが増《ふ》えました。初めて見たのは、浜《はま》の潮《しお》だまりで海老《えび》すくいをしていた時です。防風林《ぼうふうりん》の松林に逃《に》げ込《こ》み、身を潜《ひそ》めました。かなり低く飛んでいて、目線のすぐ先を飛び去っていくパイロットの顔が、はっきり見えました。水上機の基地《きち》（指宿《いぶすき》海軍航空基地《きち》）や兵隊が使っている小学校の校舎《こうしゃ》が標的になって、近くの部落も燃《も》えました。この時、機関銃《きかんじゅう》の弾《たま》が当たって、知りあいのばあさんが死にました。

かか（母）の口癖《くちぐせ》は、「ちょじ（長次郎）、やっかいになっとじゃねど（迷惑《めいわく》にならないように気をつけなさい）」でした。

亡《な》き父に代わって、働く後ろ姿《すがた》を私に見せてくれたのが、船大工をしていた母方のじいちゃんでした。学校から戻《もど》ると、いつもじいちゃんと一緒《いっしょ》に、海に出ました。

ある日、じいちゃんが櫓《ろ》を操《あやつ》る木船《もくせん》（長さ五、六mの木造船《もくぞうせん》）の後ろで、箱《はこ》眼鏡《めがね》を覗《のぞ》きながら銛《もり》を突《つ》いて漁をしていると、プロペラ機独特《どくとく》の音が聞こえ、グラマン戦闘機《せんとうき》が目に入りました。「じいちゃん！」と叫《さけ》び、戦闘機の進路と反対側の海に、船から飛び込《こ》みました。「タン、タン、タン、タン、タン、タン、タン、タン……」という規則《きそく》正しい渇《かわ》いた音が通りすぎていきました。海の中から船の縁《へり》の向こうに見えたのは、等間隔《とうかんかく》に二列に並《なら》ぶ水柱《みずばしら》。海面の上に五十cmほど吹《ふ》き上げられていくのを見て、あの機銃掃射《きじゅうそうしゃ》の弾《たま》に当たっていたら命はなかった……と、生きた心地がしませんでした。

四年生の八月十五日は、じいちゃんの家で昼過《す》ぎに始まった、天皇陛下《てんのうへいか》様のラジオ放送を聞きました。今でも暗唱できるほど、はっきりと聞き取れました。大人も子どもも泣き出しました。その日まで、日本の劣勢《れっせい》を知る情報《じょうほう》はまったくなく、必ず勝つと信じて疑《うたが》っていなかった私は、「負くっこつがあった（負けることがあるんだ）」と思いました。

何日かして、進駐軍《しんちゅうぐん》（↓81ページ）が上陸してくるという噂《うわさ》が、村に一気に広がりました。カカ（母）、姉、じいちゃん、ばあちゃんと一緒《いっしょ》に、農作業で使う牛に荷物を引かせて、四km先の山に逃《に》げ、不安の中で一晩《ひとばん》過《す》ごしましたが、米兵は姿《すがた》を現《あらわ》さず、家族で家に戻《もど》ることができました。

戦争が終わって、穏《おだ》やかな海が戻りました。

必要なことは見て覚えろという時代でしたから、人の何十倍も努力を重ねて、天気を読む力、漁に必要な道具の作り方、高く売れる魚の獲《と》り方などを身につけました。船大工のじいちゃんの技《わざ》を真似《まね》て、木船を造《つく》れるまでにもなりました。

一年を通して、風がなければ雨でも漁に出ます。子どもの頃《ころ》、じいちゃんやばあちゃんが編《あ》んでくれた蓑《みの》や腰巻《こしまき》が、浦島長次郎《うらしまちょうじろう》を温かく包み込《こ》んでくれました。思えば、私は生後十一ケ月で、一家の大黒柱になったのです。

（八月十五日を十歳《さい》、鹿児島《かごしま》県指宿《いぶすき》市で迎《むか》えました）

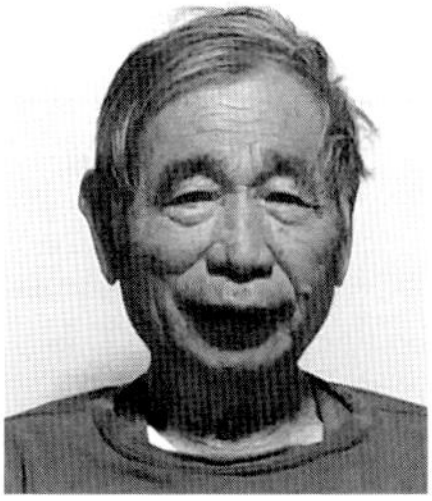

岸下長次郎

二〇二〇年四月、篠原重人《しのはらしげと》様撮影《さつえい》。

*ほこつき漁：大きなフォークのような形の道具で、魚をついて仕留《しと》める漁。

*勤労奉仕《きんろうほうし》：公共的な目的のために、無報酬《ほうしゅう》で勤労にあたること。戦時中は、特に学徒（学生生徒）に「学徒勤労動員」として労働が課《か》された。

戦時の暗号、鹿児島弁《かごしまべん》

鹿児島《かごしま》にお住まいの方では、岸下《きしした》長次郎《ちょうじろう》様のほか、下世《しもせ》吉美《よしみ》様（↓84ページ）、米田《めた》フミ子《こ》様（↓96ページ）から、お話を伺《うかが》うことができました。高倉《たかくら》主演《しゅえん》の映画《えいが》『ホタル』（二〇〇一）のロケ地、鹿児島県垂水《たるみず》市近辺のお三人です。

対面取材はコロナ禍《か》で諦《あきら》めました。かわりに聞き取りをお手伝いくださったのが、鹿児島県垂水市海潟《かいがた》の漁業《ぎょぎょう》協同組合筆頭《ひっとう》理事・篠原《しのはら》重人《しげと》様でした。映画の撮影《さつえい》時、漁協の方には総出《そうで》で、とくに漁協の女性部《じょせいぶ》の方々には炊《た》き出しなどでお世話になりました。重人様は、その女性部のお一人・篠原三知代《みちよ》様のご長男です。

垂水市海潟は、桜島《さくらじま》の南側にあたる波穏《おだ》やかな入り江《え》で、現在《げんざい》はカンパチやブリなどの養殖業《ようしょくぎょう》が盛《さか》んです。そんな穏やかな日常《にちじょう》に埋《う》もれていた戦争の史実の数々が、取材を通して生者の声として浮《う》かび上がったのです。証言《しょうげん》を聞き終える度、「僕《ぼく》は寒いぼが出ました（鳥肌《とりはだ》が立ちました）」「初めて聞きました」と、戦後七十五年を経《へ》た町の歴史と変遷《へんせん》を、肌で感じておられたのは、ほかでもない戦後生まれの篠原様でした。

「こどんでこげんでくっち、やがっがたのすんじゃ」は鹿児島弁《かごしまべん》です。〝翻訳《ほんやく》〟すると、「子どものうちにこんなに出来るとは、大人になったらどんなやつになるのかなぁ」という意味だそうです。岸下《きした》様のお話の中で伺《うかが》いましたが、東京に生まれ育ったわたくしにはお手上げの言葉でした。

実は、太平洋戦争時、鹿児島弁《べん》は暗号として白羽の矢が立ったほど難解《なんかい》とされています。当時、ドイツ、イタリアと同盟《どうめい》を結んでいた日本の情報交換《じょうほうこうかん》は、無線通信による暗号電報《でんぽう》でしたが、連合国側にすぐに解読《かいどく》されてしまうことから、日本は一計《いっけい》を案《あん》じました。国際《こくさい》電話で外交官に会話させる際《さい》、早口の鹿児島弁で行わせたのです。作戦は成功し、盗聴《とうちょう》されても、解読されるまでに二ケ月を要したといいます（吉村昭『深海の使者』文藝春秋）。そんな鹿児島弁話者《わしゃ》のお三人への取材は、篠原重人様の通訳《つうやく》なくしては不可能でした。

〝ほんのごて、あいがとさげもした〟

本当にありがとうございました。

オヤジャモ モ
グイヤッタド
カイモ モグ
イヤタ
ま

14
黒《くろ》田《だ》英《えい》子《こ》

昭和十（一九三五）年九月二十日生まれ　八十四歳《さい》

黒田英子《くろだえいこ》はわたくしの伯母《おば》です。長年、美容院《びよういん》を経営《けいえい》していましたが、現在《げんざい》は引退《いんたい》しております。もう一人の伯母、山崎佐知子《やまざきさちこ》（↓75ページ）と一緒《いっしょ》に話を聞きました。いつも変わらぬ笑顔《えがお》の英子伯母さんから語られた、血縁《けつえん》の真実。戦地から届《とど》けられた（義理《ぎり》の）お父様が書かれた手紙の言葉を、「なぜかしらねぇ、忘《わす》れられないのよ」と話してくれました。

伯母たちとは、時折一緒《いっしょ》に旅をします。英子伯母さんが、いつも好き嫌《きら》いなく美味《おい》しそうにお食事をいただくのを見るのが大好きでした。

今回、戦地で餓死《がし》なさったお父様のことを初めて聞き、わたくしは合点《がてん》がいきました。伯母にとって、毎回のお食事をきちんといただくことが、天に召《め》されたお父様への何よりのご供養《くよう》なのだと。

黒田英子

待ち続けた靴《くつ》音《おと》

「父ちゃーん！　父ちゃーん！！」
私は動き出した列車を追いかけて、駅のホームを端《はし》から端まで走り続けました。「父ちゃーーん」。そして、列車は見えなくなっていきました。小学校二年生の五月、二度目の召集《しょうしゅう》を受けた父を栃木《とちぎ》県東那須《ひがしなす》駅で見送った日のことです。

父は、戦争が始まってすぐ、海軍兵として軍艦長門《ぐんかんながと》に乗船し、任務《にんむ》を果たして帰還《きかん》していました。その父が四十歳《さい》で、二度目の召集を受けることなど、誰《だれ》も想《そう》像《ぞう》していませんでした。

私は、昭和十（一九三五）年九月二十日生まれ。二歳で母を結核《けっかく》で亡《な》くし、髪《かみ》結《ゆ》いをしていた、子どもがいない母の姉夫婦《ふうふ》に引き取られました。一人娘《むすめ》として大事に育てられていましたが、幼《おさな》いながら、本当の両親でないことを感じ取っていました。

その父が戦地に行って間もなく、残された母と私で防空壕《ぼうくうごう》を掘《ほ》らなければならなくなりました。駅前の借家に防空壕を作れる場所はなく、母は仕方なしに、家の前の道路際《ぎわ》に、親子二人がやっと入れるだけの小さな穴《あな》を掘りました。ところが、掘り終えるなりお巡《まわ》りさんが飛んできて、「ここはダメだ！　すぐに埋《う》め戻《もど》せ」と強い口調で怒《おこ》られました。「そんなこと言わないで」と食い下がる母でしたが、二人で泣く泣く埋め戻しました。近所の男性《だんせい》が見かねて、「少し離《はな》れているけれど、樫《かし》の木の下に掘ったうちの防空壕を一緒《いっしょ》に使おう」と言ってくれました。

火の見やぐらから鳴らされる警報《けいほう》には、ブーとなり続ける警戒《けいかい》警報と、空襲《くうしゅう》の時のけたたましいサイレンの二種類がありました。母は、どちらの時も、毎度毎度必ず防空壕に避難《ひなん》しました。あまりにしょっちゅうで面倒《めんどう》になっていた私に、

「私たちが死んだら、父ちゃんが帰って来た時に悲しむでしょう。ほら、行くよ」

と母は促《うなが》しました。めげそうな時は、戦地の父から届《とど》いた手紙を見直しました。

「ヤシの木陰《こかげ》で元気にしています」

パプアニューギニアのブーゲンビル島（↓29ページ）に隣接《りんせつ》するブカ島からでした。私を大事に思ってくれている父が、送り届けてくれたこの言葉に、どれだけ励《はげ》まされたことでしょうか。

学校では勉強ではなく、ほとんどが勤労奉仕《きんろうほうし》（↓109ページ）、農家のお手伝いになっていきました。肥料用《ひりょうよう》の山藤蔓《やまふじつる》集めでは、木にまとわりついた蔓を手繰《たぐ》り寄《よ》せて、ぐるぐる巻《ま》きにして学校に持っていきました。麦刈《むぎか》りのあとの稲架掛《はさが》け（天日干《ぼ》し）や、松の木の根っこ掘《ほ》りをすることもありました（↓118ページ）。上級生と一緒《いっしょ》に農家を訪《たず》ねる最中、爆音《ばくおん》とともにB29爆撃機《ばくげきき》が飛んできた時は、両手の親指で左右の耳の穴《あな》を塞《ふさ》いで、あとの四本の指で目をしっかり保護《ほご》しながら、土手の腹《はら》に身を横たえて身を守りました。

昭和二十年一月十七日、父の戦死が知らされました。届《とど》いた木箱にはお骨《こつ》ではなく、何か書き付けてある木片《もくへん》が納《おさ》められていました。父の上官の話では、腰《こし》を下ろして休んでいた至近距離《しきんきょり》に爆弾《ばくだん》が落ち、その衝撃《しょうげき》と同時に隣《となり》に座《すわ》っていた父が、ぱたっと倒《たお》れ込《こ》んだのだそうです。すぐに傷《きず》の確認《かくにん》をしたが、まったく無傷《むきず》で事切れていたと教えられました。餓死《がし》だったのです。

ところが近所では、亡《な》くなった報《しら》せを受けながら、生きて戻《もど》ってきた人がいると聞きました。そうだ、母と私が見せられたのは木片《もくへん》で、骨《ほね》じゃない。ヤシの木《こ》陰《かげ》で元気にしているはずの父の帰りを、待ってみようと思い、それからは寝床《ねどこ》に就《つ》いたあとも、駅に列車が止まる度、耳を欹《そばだ》てるようになりました。列車を降《お》りた人は必ず、駅前の私の家の前を通ってから目的地に向かうからです。軍隊のブーツ（半長靴《はんちょうか》）が土を踏《ふ》みしめる音は、私にはコツ、コツと聞こえました。コツ、コツ、コツ。その靴音《くつおと》が、いつか家の前で止まるはず。その思いは母も同じでした。ブーツの靴音が家の前を素通《すどお》りする度、「あっ、違《ちが》ったね……」と、どちらともなく声をかけました。

八月十五日、その日近所の人から、「昼頃《ごろ》、天皇《てんのう》様の放送があるよ」と言われ、ラジオのある友だちの家に自転車で向かいました。十～十五人、そこに集まった人は皆《みな》、正座《せいざ》し頭《こうべ》を垂《た》れ、ラジオに聞き入りました。

言葉はよくわかりませんでしたが、大人たちの雰囲気《ふんいき》で、戦争に負けた、もう、父が戻《もど》ることはないんだと、引導《いんどう》を渡《わた》された気分になりました。大黒柱を完全に失った家の一人娘《むすめ》として、これからしっかり母を支《ささ》えなければならないという覚悟《かくご》が生まれた日になりました。

（八月十五日を九歳《さい》、栃木《とちぎ》県東那須野《ひがしなすの》村で迎《むか》えました）

黒田英子

令和二年三月、福島《ふくしま》の旅館《りょかん》にて撮影《さつえい》。

こぼれ話

松の根っこ掘《ほ》り

戦争中の子どもたちが勉強よりも多くの時間を費《つい》やした勤労奉仕《きんろうほうし》については、人それぞれ異《こと》なる証言《しょうげん》を得ることができました。

英子伯母《えいこおば》さんが話してくださった、勤労奉仕の話には、「今から思えば、戦争が終わる間際《まぎわ》になってからよね、松の根を掘《ほ》り起こすのをずいぶん手伝ったわね。松の木は大きいから、ほんとに大変な作業だったのよ」「松の根が飛行機の燃料《ねんりょう》になるんだって友だちから聞いたけど、信じられなかったわ」というものがありました。

一九四四年六月のマリアナ沖《おき》海戦で敗北《はいぼく》して以降《いこう》、日本の戦況《せんきょう》は急激《きゅうげき》に悪化。当時日本は東南アジア諸国《しょこく》を占領《せんりょう》しており、そこで採《と》れる石油に頼《たよ》っていましたが、その石油もいつまで日本に運び続けられるかわからなくなったのです。

そこで、国内で得られる原料から航空燃料《ねんりょう》を生産することが計画されました。「新燃料戦備《せんび》」と呼《よ》ばれ、大きく分けると二種類。松の切株《きりかぶ》を引っこ抜《ぬ》いて油状《ゆじょう》の液体《えきたい》「松《しょう》根油《こんゆ》」を抽出《ちゅうしゅつ》するものと、さつまいもを主原料とする、酒造場《しゅぞうじょう》を使ったエタノール燃料製造《せいぞう》の取り組みでした。さつまいもについては、食糧難《しょくりょうなん》の解消《かいしょう》という目的も相まって、日本中の空いている土地がいも畑になったといわれています。鹿児島《かごしま》県指宿《いぶすき》の岸《きし》下長次郎《したちょうじろう》（↓103ページ）様も、畑で収穫《しゅうかく》するさつまいもの八割《わり》は食用として軍に供出《きょうしゅつ》させられていたとお話しくださいました。

結局、松もさつまいもも燃料《ねんりょう》として使えるようになる前に終戦を迎《むか》えたそうです。

近年、環境《かんきょう》に負荷をかけにくいとされる生物由来の輸送《ゆそう》用エコ燃料《ねんりょう》としてバイオエタノール（または、バイオマスエタノール）という言葉が聞かれます。主な原料は、さとうきびやとうもろこし、そして、いも類などだそうです。生物由来燃料が話題になると、ふと、伯母《おば》が話していた松根油《しょうこんゆ》を思い出します。

埋もれた戦力
松根掘出せ
松の根からガソリン
松根油
松根油緊急増産運動
勤労奉仕隊
陸軍省・海軍省・農商省

15 阿《あ》部《べ》照《てる》枝《え》

昭和十一（一九三六）年十月二十五日生まれ　八十三歳《さい》

阿《あ》部《べ》照《てる》枝《え》様をご紹介《しょうかい》くださいましたのは、阿部様の六十年来のご友人という、青森《あおもり》県弘前《ひろさき》市在住《ざいじゅう》の中田《なかた》寿子《ひさこ》様でした。

中田様は、高倉《たかくら》の映画《えいが》を東映《とうえい》時代からほとんど観《み》てくださっているとのこと。

高倉の他界後、わたくしにお悔《く》やみをいただきましてからのお付き合いです。

阿部様には、電話で直接《ちょくせつ》お話を伺《うかが》えました。

「あんたぁ、私、高倉健《けん》さん、見たことあるのよぉ。映画《えいが》（「八甲田山《はっこうださん》」）の撮影《さつえい》で来てたんでしょうね。青森営林《えいりん》局の近くでね。今は森林博物館になっているんだけども、宿泊《しゅくはく》先になってたみたいでねぇ」と、親近感に包まれながら、エピソードをお伺いしました。

阿部照枝

ピントシャント、聞き取れました

私は、青森《あおもり》県陸奥《むつ》湾《わん》を望む東《ひがし》津軽《つがる》郡に生まれました。半農半漁を営《いとな》んでいたおっとーさん、おっかさんはとても優《やさ》しい人でした。

小学校に入る前に戦争が始まり、どんどん物がなくなっていきましたが、我《わ》が家は食べ物に困《こま》ったことはありませんでした。

おっとーさんの投《と》網漁《あみりょう》はいつも大漁でした。春はほっけや鰊《にしん》、初夏になると真《ま》鯛《だい》、秋に採《と》れる真《ま》鰯《いわし》は、焼《やき》干《ぼ》しにして出汁《だし》をとるのに使います。冬はおきあみや真《ま》鱈《だら》が獲《と》れて、一年の漁が締《し》めくくられました。

小学校は一学年二クラス。男女共学で五十〜五十五人ほど、教室は子どもたちでいっぱいでした。新しく買ってもらった教科書やノート、鉛筆《えんぴつ》を入れたランドセルを背負《せお》って、足袋《たび》を履《は》いて登校しました。代用教員の先生から国語、算数、習字、算盤《そろばん》、裁縫《さいほう》を習いました。いたずら坊主《ぼうず》が叩《はた》かれることはあっても、先生は、みんな優《やさ》しかったです。

二年生の秋頃《ごろ》から、午後は勤労奉仕《きんろうほうし》で、教室を出てどんぐり拾いやイナゴ捕《と》りをしました。私が一番好きだったのは、落穂《おちぼ》拾いです。大きなノートが入るくらいの木綿《もめん》の袋《ふくろ》を、おっかさんに作ってもらって、稲刈《いねか》りのあとに落ちている稲穂《いなほ》を集めました。ちっちゃな手をちょこちょこ動かして袋いっぱいに集めて、先生に渡《わた》しました。ずっしりと重たくなった袋に、満足感を覚えました。

寒くなると、足袋《たび》に草履《ぞうり》を履《は》きました。学校にズックが配給されましたが、クラス全員分ではありません。十〜十五足しかなく、私はいつもくじ引きに外れていました。昼の給食はありません。私は弁当《べんとう》を持っていきましたが、家に食べに帰る子も大勢《おおぜい》いました。もんぺの膝《ひざ》には、継《つぎ》が当てられました。物がない我慢《がまん》の時代を、子どもながらに受け入れました。みんな貧乏《びんぼう》、それが当たり前でした。

終戦の年、小学校三年になると、警戒警報《けいかいけいほう》や空襲警報《くうしゅうけいほう》が頻繁《ひんぱん》に鳴りました。「先生おはようございます」と教室で挨拶《あいさつ》した途端《とたん》、警報が鳴って、先生に「家、帰りましょ！」と促《うなが》されることも増《ふ》えました。勉強どころではなくなりました。家に戻《もど》る途中《とちゅう》、艦載機《かんさいき》に撃《う》たれた田んぼの案山子《かかし》を見つけて、防空頭巾《ぼうくうずきん》をしっかり被《かぶ》り直しました。

七月十四日昼頃《ひるごろ》、消防団《しょうぼうだん》の詰《つ》め所になっていた私の家に来たおじさんが、急いで二階に上がっていったので、私もついていきました。陸奥湾《むつわん》を行き来している青函連絡船《せいかんれんらくせん》から煙《けむり》が立ち上っているのが窓《まど》から見えました。おっとーさんが乗っている船と比《くら》べものにならないほど大きな船が、次々にやられていて怖《こわ》くなりました。大きな水柱《みずばしら》も見えました。青森《あおもり》市内や、油川《あぶらかわ》の飛行場（青森飛行場）も、攻撃《こうげき》を受けて燃《も》え上がっていました。この時、青函連絡船十二隻《せき》が被害《ひがい》を受けたそうです。

私の家は、青森市内から二kmくらい離《はな》れていましたが、心配した父が、家の近くの飛鳥川《あすかがわ》の土手を掘《ほ》り下げるように、防空壕《ぼうくうごう》を作ってくれました。警報《けいほう》が鳴る度、「防空壕行くよ！」とおっとーさんから声がかかりました。いつも六人兄弟全員がいることを、きちんと確《たし》かめて避難《ひなん》しました。防空壕《ぼうくうごう》は、近所の人たちが一緒《いっしょ》に入れる広さがありました。

　忘《わす》れもしない七月二十八日、私たち家族がちょうど晩御飯《ばんごはん》を済《す》ませたとき、〝ゴロ～ン、ゴロ～ン〟とB29が、近づいてきているのがわかりました。急いで防空壕に逃《に》げました。そのすぐあとに、〝ドカーン、ドカーン〟と爆弾《ばくだん》が落とされていく音が響《ひび》いて、青森市内の空が、まるで花火が打ちあがったように明るくなりました。二時間ほど続いた攻撃《こうげき》の間、家族全員ひと固まりになって耐《た》え続けました。〝あれでは、人間なんてたまったもんではないわ〟と思ったり、おっかさんが婦人会《ふじんかい》で訓練していたバケツリレーを思い出したりしました。〝あの爆弾《ばくだん》の火をバケツの水で消すなんてできっこない！　爆弾からは逃《に》げるが勝ち〟と悟《さと》りました。爆弾は怖《こわ》い！

　八月十五日、天皇陛下《てんのうへいか》のラジオ放送があることを知り、家のラジオをつけました。私はピントシャント聞きとることができました。おっとーさんが安心した顔をしていました。

私は、これから防空壕に逃げなくてもいいこと、学校に安心して通えるようになることが、何より嬉《うれ》しかったです。

学校が大好きでした。私は皆勤賞《かいきんしょう》をいただきました。

（八月十五日を八歳《さい》、青森《あおもり》県東津軽《ひがしつがる》郡で迎《むか》えました）

阿部照枝

ご本人から送っていただいた、阿部《あべ》様の近影《きんえい》。

16 香《か》村《むら》和《かず》恵《え》

昭和十一（一九三六）年一月二十六日生まれ　八十四歳《さい》

香村和恵《かむらかずえ》様は、わたくしがご指導《しどう》いただいていた大理石モザイクの先生、
楢崎《ならさき》美保子《みほこ》様の生徒さんのお一人でいらっしゃいます。
わたくし自身は、高倉《たかくら》の病気の看病《かんびょう》を機に、アトリエには通えておりませんが、
楢崎先生とは親しいお付き合いが続いておりました。
近況《きんきょう》をお知らせすると共に今回の企画《きかく》についてお話しすると、
香村様をご紹介《しょうかい》いただきました。
コロナ禍《か》のため、楢崎先生がアトリエでの
聞き取りをお引き受けくださいました。
戦後、お父様がシベリアで亡《な》くなられたため、奨学金《しょうがくきん》制度を利用し、
教師《きょうし》の道を歩まれたこととの矜持《きょうじ》を語っておられました。

香村和恵

スキーパンツと戦死公報《こうほう》

「あら、可愛《かわい》そうに……」

親族じゅうが口を揃《そろ》えて言ったのは、私の叔母《おば》の花嫁姿《はなよめすがた》を見たからでした。昭和十六（一九四一）年十二月九日の結婚《けっこん》式の前日、太平洋戦争が開戦し、一生に一度の花嫁姿は、華《はな》やかなお振袖《ふりそで》から地味すぎる留袖《とめそで》姿になったのです。

私は四人兄弟の長女として、東京の赤坂に生まれました。翌年《よくねん》、＊二《に》・二《に》六《ろく》事《じ》件《けん》が起こります。「山王《さんのう》ホテルを拠点《きょてん》にしている反乱軍《はんらんぐん》がいるので、箪笥《たんす》の陰《かげ》に隠《かく》れていてください、というお触《ふ》れが来たのよ」と、のちに母から聞かされました。不穏《ふおん》な雰囲気《ふんいき》の世の中だったのです。

父は日本橋のデパートに勤《つと》めていました。親戚《しんせき》が所有している鉱山石《こうざんせき》が軍事物《ぶっ》資《し》となるとのことから、社長として白羽《しらは》の矢が立ち、私が小学校一年生の十二月、福島《ふくしま》県会津若松《あいづわかまつ》に、家財《かざい》一切を持って家族で移《うつ》り住みました。町外れに家を建て、母方の祖母《そぼ》も同居《どうきょ》しました。

十二月の会津《あいづ》はすでに寒さの真っ只中《ただなか》。学校には、デパートに勤《つと》めていた伝《つて》で父が調達してくれた、スキーパンツで登校しました。奉安殿《ほうあんでん》（↓93ページ）の前で頭を下げ、教育勅語《ちょくご》を暗記させられた時代、私が初めて体験した農作業は、校庭にじゃがいもを植えることでした。

祖母も母も、働き者で裁縫《さいほう》が上手でした。その頃《ころ》、農家には米などの食べ物と引き換《か》えに、お着物の反物《たんもの》がたくさん集まったようです。祖母は、縫《ぬ》う手間がかけられない農家に頼《たの》まれて、反物から着物を仕立てるため、泊《と》まりがけでお針《はり》をしに行っていました。たくさんのお野菜をいただいて帰ってきたので、私たちはとても助かりました。その他、*下肥《しもごえ》も物々交換《こうかん》の対象でした。

お米はほとんど手に入りませんでしたが、大豆を炒《い》ったり、少ないお米を炒って香《こう》ばしくしたりして、おやつに食べました。

昭和二十年、私が小学校四年生のとき、父に召集令状《しょうしゅうれいじょう》が届《とど》きました。玄関《げんかん》の前に大きな石があって、父はその上に乗って集まった方々に挨拶《あいさつ》し、家を離《はな》れていきました。父は満州《まんしゅう》に送られました。

学校が、移動《いどう》中の兵隊さんの宿泊所《しゅくはくじょ》になりました。興味津々《きょうみしんしん》で見ていると、飯盒《はんごう》でご飯を炊《た》いていましたが、蓋《ふた》を取ると中は真っ赤でした。白いご飯ではなく、高粱《コーリャン》（イネ科のモロコシの一種）だったのです。私は、兵隊さんもたいしたものを食べてないんだと思い、母に伝えると、「失礼でしょ、のぞいちゃいけません」と、叱《しか》られました。

防空壕《ぼうくうごう》を作ってもらったのですが、私の住んでいたところは田んぼの埋《う》め立て地で、掘《ほ》り下げると水が出てしまい、困《こま》ったものでした。空襲警報《くうしゅうけいほう》は鳴るものの、近くに軍事施設《しせつ》がなかったせいか、飛行機は素通《すどお》りばかり。おかげで防空壕にはあまり入らずに済《す》みました。郡山《こおりやま》の工場群《ぐん》が爆撃《ばくげき》を受けていたと聞きました。

終戦の日、ラジオ放送を聞きましたが、私には何を言ってるかわかりませんでした。ただ、祖母《そぼ》や母が泣いていました。

　翌日《よくじつ》、学校に行くと、奉安殿《ほうあんでん》の上の部分が壊《こわ》されていました。教室で先生から改めて「戦争が終わりました」と聞き、クラス中がわぁーわぁー泣き始めました。戦後、どのくらい経《た》ってからのことかはっきりしませんが、*戦死公報《こうほう》が届《とど》けられました。それを見た母と祖母が、号泣《ごうきゅう》したことが忘《わす》れられません。父は終戦後シベリアに送られ、そこで亡《な》くなりました。父を看取《みと》った方が母のもとを訪《たず》ねてくださり、最期《さいご》の様子を伝えてくれました。父は真言宗《しんごんしゅう》の寺の長男に生まれながら、跡《あと》を継《つ》がずサラリーマンとなりました。子どもながらに、シベリアでの労働に耐《た》えられるはずはないと思いました。昭和二十一年二月死亡《しぼう》。享年《きょうねん》三十七。

　戦後、学校では給食が始まりましたが、毎日脱脂粉乳《だっしふんにゅう》だけ。ところがある日、各クラスにオレンジジュース一パックと、お豆腐《とうふ》一丁ほどの大きさのコンビーフがお盆《ぼん》の上に乗せられて配られました。オレンジジュースはクラスの生徒五十人で分けると、お弁当箱《べんとうばこ》の蓋《ふた》に少しずつになりました。一、二cm角に切り分けてもらったコンビーフは、会津《あいづ》の子どもたちにとって初めて見る不気味な食べ物に映《うつ》った様子で、「何これ？」とか「気持ち悪い」とか言い出し、口にする人は多くありませんでした。私には、東京で食べていた懐《なつ》かしき味で、できることなら全部食べてしまいたいと思ったものです。

戦後片親《かたおや》での生活が始まり、その後、奨学金《しょうがくきん》を得て勉強を続け、教師《きょうし》の道に進みました。教壇《きょうだん》から校庭を眺《なが》めながら、戦時中のことをふと思い出すことがありました。そういえば、私たちが一生懸命《けんめい》植えたじゃがいもは、収穫《しゅうかく》しないままどうなったのかと……。

（八月十五日を九歳《さい》、福島《ふくしま》県会津若松《あいづわかまつ》で迎《むか》えました）

＊二《に》・二六事件《にろくじけん》：昭和十一（一九三六）年二月二十六日、東京で、国家改造《かいぞう》を目指す急進的な陸軍青年将校《しょうこう》二十二名が下士官・兵一四〇〇名余を率《ひき》いて起こしたクーデタ事件《じけん》。同二十九日、陸軍当局によって鎮圧《ちんあつ》された。

＊下肥《しもごえ》：人の糞尿《ふんにょう》を肥料《ひりょう》にしたもの。

＊戦死公報《こうほう》：遺族《いぞく》の元に届《とど》けられた、国からの戦死の通知書。

17

細川護煕《ほそかわもりひろ》

昭和十三（一九三八）年一月十四日生まれ　八十二歳《さい》

細川護煕《ほそかわもりひろ》様と高倉《たかくら》は、熊本《くまもと》の仕立て屋さんに共にお世話になっていたご縁《えん》で、お手紙のやり取りが続いておりました。

高倉他界後、細川様から心温まるお悔《く》やみをいただきました。

高倉追悼《ついとう》の拙文《せつぶん》をお読みくださり、「高倉さんに会って、いろいろな話がしたかった」との思いをお伺《うかが》いしました。

その後も、さまざまな機会にお励《はげ》ましをいただき、ご縁をわたくしが引き継《つ》がせていただいております。

今回突然《とつぜん》の依頼《いらい》にもかかわらず、高倉の平和への思いをご理解《りかい》いただき、寄稿《きこう》してくださいました。感謝《かんしゃ》申し上げます。

細川護熙

終戦の頃《ころ》

昭和二十年終戦の年、私は七歳《さい》だった。

二歳の時、母が亡《な》くなっていたので、空襲《くうしゅう》が本格《ほんかく》化《か》すると、父は弟と私を連れて、鎌倉《かまくら》の材木《ざいもく》座《ざ》に疎開《そかい》した。

鎌倉には、Ｂ29の爆弾《ばくだん》こそ降《ふ》ってこなかったが、グラマンの機《き》銃《じゅう》掃《そう》射《しゃ》で、しばしば対空砲《たいくうほう》の砲弾《ほうだん》の破片《はへん》が、うなりをあげて家の周辺に落ちてきた。家には防空《ぼうくう》壕《ごう》が掘《ほ》ってあり、空襲《くうしゅう》警報《けいほう》が鳴ると、我々《われわれ》は防空壕に身をひそめた。夜、防空壕まで逃《に》げる余裕《よゆう》がない時は、居間《いま》の押《お》し入れの中で親子三人体を寄《よ》せあった。

疎開する前から、私たち兄弟は、父の漢学の先生であった東大の宇《う》野《の》哲人《てつと》先生や、京大の狩《か》野《の》直《なお》喜《き》先生のアドバイスによって、古文孝経《こうきょう》、論語《ろんご》、古今集《こきんしゅう》、万葉《まんよう》集《しゅう》の素読《そどく》をやらされており、防空壕や押し入れのろうそくの灯《あか》りの下でも、箸《はし》で一字一字指さしながら「子《し》曰《いわ》く……」の勉強は続いた。できないと、箸で叩《たた》かれるので、子どもにとっては、大変苦痛《くつう》な時間だったことは言うまでもない。
その後、父が戦局をどのように判断《はんだん》したのか、京都《きょうと》に疎開先《そかいさき》を移《うつ》すことになった。

京都には、まったく米軍の爆撃《ばくげき》はなかったが、家には、やはり防空壕《ぼうくうごう》が掘《ほ》ってあり、時々警報《けいほう》を聞いて駆《か》け込《こ》んだこともあったが、そのうちに、いつの間《ま》にか、そこはたぬき一家の住み家《か》になっていた。

その頃《ころ》、京都南禅寺《なんぜんじ》一帯はまだ蛍《ほたる》も多く、初夏には、家の近くで竹の小枝《こえだ》を振《ふ》り回して、蛍捕《と》りに興《きょう》じたりした。疎《そ》水《すい》の水も近くを流れており、そこでは小魚を捕《と》ったりして遊んだ。

もちろん食料事情《じじょう》は厳《きび》しく、父は自転車の前後に我々兄弟を乗せて、少し離《はな》れたお寺まで、はちみつをいただきにちょこちょこ出かけていた。どこのお寺だったか今となっては覚えていないが、お菓子《かし》のない時代、お坊《ぼう》さんは蜂《はち》の巣箱でもお寺に置いていたのか、いずれにしても、その甘《あま》さたるや格別《かくべつ》のものだった。

二度目の母がくることになり、京都《きょうと》でひっそりと父母が結婚式《けっこんしき》を挙げたのもこの頃《ころ》だった。

戦局が悪化していく中で、もっと田舎《いなか》に引越《ひっこ》した方が良いということで、京都から更《さら》にまた、長野《ながの》の軽井沢《かるいざわ》へ移《うつ》ることになった。ある日汽車に乗って東京《とうきょう》に向かう途中《とちゅう》、名古屋《なごや》駅を通過《つうか》する時、あたり一面は火の海だった。子どもにとっては大変な恐怖《きょうふ》だったが、それでも何とか東京に着き、間を置かず、軽井沢へ移動《いどう》することになった。

その時は、どういう理由からかわからないが、祖父《そふ》*近衛文麿《このえふみまろ》の車で何時間もかかって碓井峠《うすいとうげ》を越《こ》えて行ったが、当時の悪い道路事情《じじょう》のため、元首相の車の中で、さんざんへどを吐《は》いたことを覚えている。

軽井沢へ落ち着いてから間もなく終戦になったが、その間、軽井沢では近くの農家に山羊《やぎ》の乳《ちち》をもらいに行ったり、近くのクローズしたゴルフ場に、毎日の貴《き》重《ちょう》なお惣菜《そうざい》として、たんぽぽなどを採《と》りに出かけたりするのも、子どもたちの日課だった。

終戦の玉音《ぎょくおん》を父たちが聞いているのをかすかに覚えているが、それから間もなく、ジープに乗った進駐軍《しんちゅうぐん》（↓81ページ）がやってきた。米軍の兵士らから、携帯《けいたい》食《しょく》の入った箱から、チョコレートやチューインガムをもらったりして、世の中にはこんなにうまいものがあるかと思ったものだ。

（八月十五日を七歳《さい》、長野《ながの》県軽井沢《かるいざわ》で迎《むか》えました）

※ご本人による寄稿《きこう》。

第七十九代内閣総理《ないかくそうり》大臣をつとめられた、細川護熙《ほそかわもりひろ》様（齋藤芳弘撮影）。

＊近衛文麿《このえふみまろ》：明治二十四（一八九一）年、東京生まれ。昭和十二（一九三七）年六月、第三十四代内閣総理《ないかくそうり》大臣に就任《しゅうにん》。同七月、日中戦争勃発《ぼっぱつ》。終戦の年十二月、死去。享年《きょうねん》五十四。

郵便はがき

料金受取人払郵便

国立局承認

104

差出有効期間
令和３年４月
30日まで

186-8790

（受取人）

東京都国立市北1—7—23

株式会社 今人舎 編集部 行

私の八月十五日シリーズ（①～③上製／④～⑦並製）

私の八月十五日①昭和二十年の絵手紙	本体3,200円+税	冊
私の八月十五日②戦後七十年の肉声	本体2,800円+税	冊
私の八月十五日③今語る八月十五日	本体2,800円+税	冊
私の八月十五日④戦後七十一年目の証言	本体1,500円+税	冊
私の八月十五日⑤戦後七十二年目の証言	本体1,800円+税	冊
私の八月十五日⑥戦後七十三年目の証言	本体1,800円+税	冊
私の八月十五日⑦戦後七十四年目の証言	本体1,800円+税	冊
高倉健の想いがつないだ人々の証言「私の八月十五日」（並製）	本体1,800円+税	冊

戦争を語り継ぐための絵本シリーズ（32ページ／上製）

三月十日の朝	作：最上一平　絵：花村えい子	本体1,400円+税	冊
太一さんの戦争	作：丘修三　絵：ウノ・カマキリ	本体1,400円+税	冊
空にさく戦争の花火	作：高橋秀雄　絵：森田拳次	本体1,400円+税	冊
くつの音が	作：あさのあつこ　絵：古谷三敏	本体1,400円+税	冊

※申込欄に冊数をご記入いただければ、裏面のご住所へ送料無料でお届けします。

上記以外の今人舎の本についてはホームページをご覧ください。

TEL 0120−525−555　FAX 0120−025−555　URL http://www.imajinsha.co.jp/

高倉健の想いがつないだ人々の証言「私の八月十五日」

―ご愛読者ハガキ―

今後の出版の参考にさせて頂きたく、下記にご記入の上、是非ご投函ください。

ご氏名・ご住所・お電話番号は、新刊・イベント等の情報提供、アンケート依頼、ご注文内容の確認等に使用させて頂きます。ご意見・ご感想は、広告等に匿名で使用させて頂く場合がございます。

ご氏名	（　　才）
ご住所（〒　　　）	TEL（　　　）
ご職業	

どこでお買い上げになりましたか？

書店では、どのコーナーにありましたか？

この本をお買いになった理由

- たまたま店頭で見た
- 人から聞いた
- 著者のファンだ
- その他

本書についてのご意見・ご感想をお聞かせください

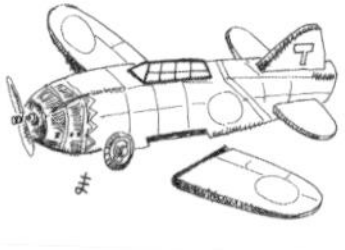

18
楢《なら》崎《さき》由《ゆ》紀《き》子《こ》

昭和十五（一九四〇）年十一月十七日生まれ　七十九歳《さい》

楢《なら》崎《さき》由《ゆ》紀《き》子《こ》様は、香《か》村《むら》和《かず》恵《え》様（↓126ページ）をご紹介《しょうかい》いただいた
大《だい》理《り》石《せき》モザイクの先生、楢《なら》崎《さき》美《み》保《ほ》子《こ》様のお母様です。
楢崎先生に、八月十五日の証言《しょうげん》を語っていただける方を
探《さが》しているとお話ししたところ、
お母様から、戦争のことを聞かれたことがあるとのこと。
コロナ禍《か》でお母様ご本人には直接お会いできませんでしたので、
楢崎先生が聞き役を引き受けてくださり、
その録音を元に、私が原稿《げんこう》を整えました。
終戦当時、弱冠《じゃっかん》四歳《さい》にして、記《き》憶《おく》が鮮明《せんめい》であることに驚《おどろ》かされました。
泣けて、笑える、天真爛漫《らんまん》な少女の記憶となりました。

空襲《くうしゅう》で炊《た》けたご飯

私は、兵庫《ひょうご》県神戸《こうべ》生まれ、四つ違《ちが》いのお姉ちゃんがいました。私が生まれた翌《よく》年《ねん》、戦争が始まりました。海運会社で働いていたお父ちゃんは、戦争が始まると、船でマラッカに行き、会えなくなりました。

〝ウ～～ウ～～〟という空襲警報《くうしゅうけいほう》が鳴り、すぐあとからB29の飛行機の音が聞こえるのです。いつも近所のおばちゃんたちに連れられて防空壕《ぼうくうごう》まで逃《に》げました。

終戦の年五月十一日は、私の住んでいる神戸市が大空襲に遭《あ》いました。その時、お母ちゃんは婦人会《ふじんかい》の世話役だったので忙《いそが》しく、私は近所の人と一緒《いっしょ》に、お母ちゃんと離《はな》れて防空壕に向かいました。防空壕に焼夷弾《しょういだん》が落ち、一緒に逃《に》げていた人たちが、とっさに、焼夷弾の殻《から》でどぶ川の水をすくって、何度も何度も頭からかけてくれました。そのおかげで、命拾いしました。空襲が収《おさ》まって、お母ちゃんが駆《か》けつけると、私は逃げる時にお母ちゃんが持たせたアルマイトのお弁当箱《べんとうばこ》とお箸《はし》を持って防空壕《ぼうくうごう》の前にいたそうです（そのお弁当箱《べんとうばこ》とお箸《はし》は、お母ちゃんが亡《な》くなるまで大切にとってあり、戦争の話の大事な小道具となっていました）。お母ちゃんと一緒《いっしょ》に防空壕を出て、高台の家へ向かって階段《かいだん》を上がると、町もお家も燃《も》えてしまっていました。空襲《くうしゅう》の熱で、お風呂《ふろ》にはお湯が沸《わ》いていました。お台所だった場所には、ぽつんとお釜《かま》だけが焼け残っていました。お母ちゃんが中を覗《のぞ》いて、「ゆっこちゃん、ご飯が炊《た》けてるから、これ、食べましょ！」と、おにぎりを握《にぎ》ってくれました。

焼け残っていた学校に向かって歩き始めると、道のあちこちで、真っ黒な木の枝《えだ》のようなものを見かけました。「なあに、アレ？」と、指差しながらお母ちゃんに聞きました。「（触《さわ》っては）ダメよ！　あれは、手を伸《の》ばしたままで亡《な》くなった人なの」と言われました。歩きながら、涙《なみだ》が出てきました。

田舎《いなか》がない私たちは、先にお姉ちゃんが学童疎開《そかい》していた岡山《おかやま》に向かいました。貨物列車は、ぎゅうぎゅう詰《づ》めでした。私が我慢《がまん》できず、「お母ちゃん、おしっこ〜」と大声で叫《さけ》ぶと、周りに立っていた見ず知らずの人が私を持ち上げたかと思うと、まるで玉送りのように窓側《まどがわ》に向かって、頭の上をひょいひょいと渡《わた》してくれました。それから、私は抱《だ》き抱《かか》えられて、開け放した窓から外に向かって、おしっこをさせてもらえたのです。

岡山では農家の離《はな》れに住みました。お手洗《てあら》いが、家の外にありました。土を掘《ほ》った穴《あな》の上に板が渡《わた》されているだけのお手洗いは〝ぽっとん便所〟と呼《よ》ばれていて、「落ちないように！」と言われたそばから、私はバランスを崩《くず》して、ぽっとん。

「きゃ〜！　お母ちゃん！　ゆっこがまた落ちた!!」と、落っこちる度にお姉ちゃんがお母ちゃんを呼《よ》びにいってくれました。「臭《くさ》い、臭い」と言われながら引き上げてもらって、問答無用に井戸《いど》水をばしゃばしゃかけられました。臭さと水の冷たさに「わ〜っ！　きゃ〜！」と、その度に大騒《おおさわ》ぎしました。

そして、毎日が大冒険《ぼうけん》でした。家の裏《うら》でとぐろを巻《ま》いている大きな蛇《へび》を見るのも初めて。水路では、まったく動かない黒いものが気になって、しゃがみこんで我慢比《がまんくら》べのように、じい～っと見続けたり。あとになって、それがオオサンショウウオだと知りました。山に分け入って、お友達に教えてもらって、それはそれはすっぱ～い葉っぱをかじったり。

疎開《そかい》先で三ケ月ほどたったある日、近所のおじちゃんたちが、おいおい泣いていました。いつもと様子が違《ちが》っているのに気付いた私が、お母ちゃんに「なんで泣いてんの？　何があったの？」と聞くと、「日本が負けちゃったの」と教えてくれました。おそらくこれが、八月十五日だったのでしょう。

戦争が終わって、日本に無事に帰って来られたお父ちゃんが、岡山《おかやま》に来てくれました。何年も会っていないお父ちゃんの顔は、日焼けして真っ黒。「お～ゆっこ、大きくなったな。お土産《みやげ》だ！」と、チョコレートを見せられましたが、あまりの顔の黒さに怖気《おじけ》づいて、片手で両目を隠《かく》しながらチョコレートを受け取りました。

英語ができたお父ちゃんは、戦後＊GHQ《ジーエイチキュー》のお仕事をしていて、神戸《こうべ》と岡山を行き来して、珍《めずら》しいお土産を持ち帰ってくれました。真っ白いバターは、おいもさんや、お母ちゃんが小麦粉を薄《うす》く溶《と》いて焼いてくれたパンケーキのようなものに乗せました。「ゆっこ、つけすぎでしょ」と言われながら、みんな笑顔《えがお》になりました。

東京渋谷《しぶや》育ちでモダンなお母ちゃんは、お料理もお裁縫《さいほう》も何でもできました。

私が小学校四年まで過《す》ごした岡山《おかやま》の町で、おばちゃんたちにいろいろ教えてあげていました。

（八月十五日を四歳《さい》、岡山《おかやま》県真庭《まにわ》郡久世《くせ》町で迎《むか》えました）

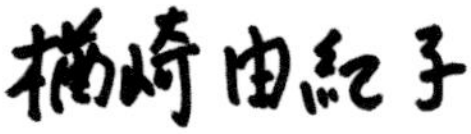

「お母ちゃん」と、幼《おさな》き日の由紀子《ゆきこ》様。

＊GHQ《ジーエイチキュー》：連合国軍（進駐軍→81ページ）最高司令官総《そう》司令部。General Headquartersの略《りゃく》。戦後、アメリカを中心とする連合国軍が日本占領《せんりょう》中に設置《せっち》した総《そう》司令部のこと。

19
萩原純子《はぎわらじゅんこ》

昭和十七（一九四二）年十月一日生まれ　七十七歳《さい》

高倉《たかくら》が他界して二年後の平成二十八（二〇一六）年十一月より、全国十ケ所の美術館《びじゅつかん》で開催《かいさい》させていただいたのが、「高倉健追悼《ついとう》特別展《てん》」でした。

萩原純子《はぎわらじゅんこ》様は、北海道《ほっかいどう》の開催会場担当《たんとう》学芸員、齊藤千鶴子《さいとうちづこ》様のお母様です。

追悼特別展では、大型スクリーンやモニターを使用し、高倉の出演作《しゅつえんさく》二〇五本すべてをダイジェスト上映《じょうえい》しました。

齊藤様が幼《おさな》き日、初めて観《み》た高倉の映画《えいが》は、『南極物語』。毎日の機器チェックの際《さい》に、高倉が「タロ～、ジロ～」と南極に取り残された犬を大声で呼《よ》び止めるクライマックスシーンをご堪能《たんのう》されたそうです。

この企画《きかく》にご賛同《さんどう》いただき「良い機会なので、母に聞いてみます」と、お母様の記憶《きおく》を、次女である齊藤様が綴《つづ》ってくださいました。

父の遺言《ゆいごん》

私には、昭和二十（一九四五）年八月十五日の記憶《きおく》はありません。当時、二歳《さい》と十ケ月、神奈川《かながわ》県高座《こうざ》郡相模原《さがみはら》町上溝《かみみぞ》に母（戸張京子《とばりきょうこ》・大正四年生まれ）と二人でいたことはわかっています。

その日のちょうど九ケ月前、昭和十九年十一月十五日、三歳のお祝いに写した写真が、母の遺《のこ》した育児日記『吾児《わがこ》の生立《おいたち》』に貼《は》られています。写真の中の母は、幼《おさな》い私の小さな手をしっかりと握《にぎ》り、凛々《りり》しく前を見つめています。自分の着物を仕立て直して私に着せたことや、この写真を「戦地へも送った」ことが日記に記されています。

日記によると、昭和十九年三月四日、父（戸張信《のぶ》・大正三年生まれ）に召集令状《しょうしゅうれいじょう》が来ました。十一日、親戚《しんせき》が集まって出征《しゅっせい》の「*立振舞《たちふるまい》」があり、その日に撮影《さつえい》した写真も日記に収《おさ》められています。頭を丸めた背広姿《せびろすがた》に、寄《よ》せ書き入りの日の丸の旗《はた》を襷掛《たすきが》けし、一歳《さい》五ケ月の私を膝《ひざ》の上に乗せて写る父（↓148ページ）。この時、どんな思いを抱《いだ》いていたのでしょうか。

翌《よく》十二日、母は千葉《ちば》県佐倉《さくら》町まで入隊の父を見送りに出かけ、母におんぶされた私は「オトウチャン　パンヂヤイ」と言った、と日記に書かれています。

出征《しゅっせい》に際《さい》し、父が母・京子《きょうこ》に宛《あ》てて書いた遺言《ゆいごん》も、手元に遺《のこ》っています。

京子に対する遺言

一、母親はあらゆる困苦《こんく》と戦って純子《じゅんこ》を立派《りっぱ》な人間に育て上げる事

一、母親は如何《いか》に戦時下とは云《い》え身に余《あま》る骨《ほね》折りはせぬ事

一、母親は早起早寝《はやね》を断行《だんこう》し充分《じゅうぶん》休養を取り健康を保持《ほじ》する事

一、母親は身体に故障《こしょう》を生じたる時は早期に医師《いし》の診断《しんだん》を受ける事

一、母親は愈々《いよいよ》最大の侮辱《ぶじょく》が目前に迫《せま》りたる時は先ず純子《じゅんこ》を殺し米英人を殺害《さつがい》して自刃《じじん》する事

一、母親は純子《じゅんこ》をつれて適当《てきとう》に神社仏閣《ぶっかく》を参拝《さんぱい》し敬神《けいしん》の念を養う事

一、母親は物事に対して余《あま》り怒《いか》りを以《もっ》て自分で自分の神経《しんけい》を疲労《ひろう》させざる事

右の七ケ条《じょう》を厳守《げんしゅ》すべし

以上

県庁《けんちょう》に勤《つと》めていた父の字は、もともと几帳面《きちょうめん》で活字のような書きぶりですが、この遺言《ゆいごん》を書く時は、死を覚悟《かくご》していたせいか、より一層緊張《いっそうきんちょう》して角張《かくば》っています。出征《しゅっせい》前にこうした遺言を遺《のこ》す指導《しどう》があったのでしょうが、父の遺言からは、厳《きび》しい表現《ひょうげん》の中にも、母の健康と安寧《あんねい》、私の将来《しょうらい》を思う気持ちが伝わってきます。

父の出征後すぐに、母は*ジフテリアにかかり、入院。一時重体になり、その後半年余《あま》りは闘病《とうびょう》のため入退院《たいいん》を繰《く》り返し、その間、私は親戚《しんせき》に預《あず》けられました。

父の遺品《いひん》にあった記録によると、父は昭和十九年四月に「南支《なんし》（中国南部）派《は》遣《けん》のため門司港出帆《もじこうしゅっぱん》」、中華《ちゅうか》民国広東省《カントンしょう》黄埔港《こうほこう》に上陸し、陸上勤務《きんむ》。昭和二十年八月十四日に「停戦詔書《しょうしょ》発令」、十八日に「復員《ふくいん》（↓21ページ）下令」。従軍証明《じゅうぐんしょうめい》

書《しょ》や受傷《じゅしょう》（罹患《りかん》）証明書《しょうめいしょ》によると、マラリアや脚気《かっけ》に罹患《りかん》、復員《ふくいん》前の昭和二十一年二月にコレラやチフスの予防接種《よぼうせっしゅ》を受けた証明書も遺《のこ》っています。同年四月五日「内地帰還《きかん》のため新阜港出帆《しゅっぱん》」、五月十九日「浦賀《うらが》港上陸」、六月四日付けで「召集解除《しょうしゅうかいじょ》」となったようです。

私はその頃《ころ》幼稚園《ようちえん》に通っており、父が帰宅《きたく》する日に、母が早く迎《むか》えに来てくれたことや、父が部屋に入って座《すわ》り、脚《あし》に着けていたゲートルを外す姿《すがた》が記憶《きおく》に残っています。また、父が持ち帰った乾《かん》パンや缶詰《かんづめ》のあんずが美味しかったことも、はっきりと覚えています。

幸いにして、母は最大の侮辱《ぶじょく》に直面することなく、私も母に殺《ころ》されることなく、終戦の日を迎《むか》えました。また、私は父の遺言《ゆいごん》のように、立派《りっぱ》な人間に育ったかどうかわかりませんが、大学卒業後、公務員《こうむいん》として三十一年間働き、二人の娘《むすめ》を育てました。

父や母の遺した記録は、命の記録です。

命を全《まっと》うする、これ以上のことはありません。
（八月十五日を二歳《さい》十ケ月、神奈川《かながわ》県高座《こうざ》郡相模原《さがみはら》町上溝《かみみぞ》で迎《むか》えました）

書き手／萩原純子《はぎわらじゅんこ》次女・齊藤千鶴子《さいとうちづこ》

萩原純子

一歳《さい》五ケ月の純子《じゅんこ》と、お父様、戸張信《とばりのぶ》。出征《しゅっせい》前日に撮《と》られたもの。

＊立振舞《たちふるまい》：旅などに出るにあたり、人を招《まね》いて別れの飲食をすること。

＊ジフテリア：ジフテリア菌《きん》によって感染《かんせん》する上気道粘膜疾患《ねんまくしっかん》だが、毒素《どくそ》が心臓《しんぞう》の筋肉《きんにく》や神経《しんけい》に作用すると重症《じゅうしょう》となり、死に至《いた》ることもある。

20 玉井《たまい》行人《ゆきと》（父・玉井《たまい》政雄《まさお》の八月十五日）

高倉《たかくら》は晩年《ばんねん》、当時、西日本新聞記者だった玉井行人《たまいゆきと》様より、取材のお申し出をいただきました。

ご依頼《いらい》の手紙には、玉井様が、高倉主演《しゅえん》の映画《えいが》「花と龍《りゅう》」の原作者・火野葦平《ひのあしへい》の甥《おい》であること、医師《いし》中村哲《なかむらてつ》（二〇一九年、アフガニスタンで武力勢力《ぶりょくせいりょく》の銃撃《じゅうげき》により死亡《しぼう》）は従兄《いとこ》であること、北九州への熱い思いなどが綴《つづ》られていました。

高倉がタイミングを合わせられず、取材は実現《じつげん》しませんでしたが、高倉他界後、わたくしがご縁《えん》を引き継《つ》がせていただきました。

現在《げんざい》、郷土愛《きょうどあい》からＪリーグギラヴァンツ北九州の社長を引き受けられています。

今回は行人様から見たお父様・政雄《まさお》様の戦争体験とその苦悩《くのう》について、原稿《げんこう》におまとめくださいました。

父の戦争

「最近、お父さんの様子がおかしいの。気味が悪いわ」。思い詰《つ》めた表情《ひょうじょう》の母が声を潜《ひそ》めました。私が小学４年生だったある日。学校から戻《もど》って、ランドセルを置くなり、母は語り始めました。

父が毎晩《まいばん》、眠《ねむ》りに就《つ》いたあと、突然《とつぜん》、大声を上げてうなされ、暴《あば》れるというのです。次第に症状《しょうじょう》は激《はげ》しくなり、父は何度も畳《たたみ》を殴《なぐ》ったこぶしの痛《いた》みで目が覚めることもあり、ついには寝室《しんしつ》の掃《は》き出し口のガラスを蹴《け》破《やぶ》り、足を深く傷《きず》つけてしまいました。

「穏《おだ》やかで、優《やさ》しい父がなぜ……」

翌朝《よくあさ》、鮮血《せんけつ》が散った布団《ふとん》を恐《おそ》る恐る見たのを今も覚えています。

父は戦争の悪夢《あくむ》にさいなまれていました。爆音《ばくおん》がとどろく戦場で、黒っぽい姿《すがた》の敵兵《てきへい》を相手に取っ組み合いになり、軍刀で切り付けられたり、首を絞《し》められたり……。夢《ゆめ》の中で、一瞬《いっしゅん》の気の緩《ゆる》みも許《ゆる》されない生死の境《さかい》で、一人戦っていたのです。

父が*応召《おうしょう》し、赴任《ふにん》したのは、中国湖南《こなん》省の野戦重砲《じゅうほう》連隊本部。特務兵《とくむへい》（砲兵《ほうへい》）をしていました。そして、*宣撫班《せんぶはん》となり、最後は報道班員《ほうどうはんいん》として戦場を歩き、その様子を伝える記事を日本国内の新聞に送っていましたが、日本の敗戦の色が濃《こ》くなってソ連（現《げん》・ロシア）侵攻《しんこう》が迫《せま》ると、新京《しんきょう》から避難《ひなん》列車に乗って移動《いどう》。昭和二十（一九四五）年八月十五日昼すぎに到着《とうちゃく》した奉天《ほうてん》で、日本の無条件降伏《むじょうけんこうふく》を知りました。

その五日後、朝鮮《ちょうせん》半島釜山《プサン》経由《けいゆ》で海路、博多《はかた》に引き揚《あ》げました。列車の運行が間引かれていたので、北九州《きたきゅうしゅう》の実家に戻《もど》れたのは、八月二十日の深夜でした。空《くう》襲《しゅう》疎開《そかい》を辛《かろ》うじて免《まぬか》れた「三福湯《さんぷくゆ》」（祖父《そふ》・金五郎《きんごろう》らが経営《けいえい》していた銭湯《せんとう》）の煙《えん》突《とつ》だけが、十三夜の月明りに照らされそびえていたと「兄・火野葦平私記《ひのあしへいしき》」に書かれていました。

当時、父は三十五歳《さい》。戦場で赤痢《せきり》にかかって*下血《げけつ》が止まらずに、やせこけていて、深夜、裏口《うらぐち》から帰宅《きたく》した父を見た家族は「幽霊《ゆうれい》」と思って驚《おどろ》いたそうです。この時のひどい栄養失調が原因《げんいん》で、父の歯は抜《ぬ》け落ち、総《そう》入れ歯にしました。父は、従軍《じゅうぐん》しながら『兵隊の花園』『桃園記《とうえんき》』など、数多くの小説を執筆《しっぴつ》しましたが、戦後、小説を執筆することはほとんどなく、文学研究者、教育者として過《す》ごしていました。

ところが、敗戦から二十二年。悪夢《あくむ》が父にとりついていたのは昭和四十二（一九六七）年のことです。そんなに歳月《さいげつ》を重ねていたのに、なぜ、突然《とつぜん》、戦争の記憶《きおく》がよみがえったのでしょうか。

きっかけは、激《はげ》しさを増《ま》していた*ベトナム戦争でした。当時の報道《ほうどう》写真などには、戦火をさまようベトナムの家族や、爆撃《ばくげき》に遭《あ》って体を引き裂《さ》かれた、目を覆《おお》いたくなる状態《じょうたい》の遺体《いたい》があふれていました。

その映像《えいぞう》を見ただけで、心の奥底《おくそこ》にしまい込《こ》んでいた戦場での記憶が夢《ゆめ》の中でよみがえり、孤独《こどく》で険《けわ》しい戦いをせざるを得なかったほど、父の心の傷《きず》は深いものでした。暴《あば》れて自らの体を傷つけて、目が覚めない限《かぎ》り、悪夢は消えてはくれなかったのです。父はそれほど中国戦線で、数えきれないほどの悲惨《ひさん》な光景を目撃《もくげき》し、記事を書き続けていました。

父がその後、就寝後《しゅうしんご》に暴れることはなくなり、一九八四年、七四歳《さい》で亡《な》くなりました。

私も成長するにつれ、父から戦争体験を聞くことがなくなり、あの悪夢から解《と》き放たれていたのかどうかはわかりません。

ただ、幼《おさな》い頃《ころ》、肉親をむしばんだ「戦争の傷《きず》」を目《ま》の当たりにし、その痛《いた》みは決して忘《わす》れません。それが、戦争を知らない私に父が残してくれた教えだと思っています。

（父は八月十五日を三十五歳《さい》、満州国《まんしゅうこく》・奉天《ほうてん》／現《げん》・中国東北部で迎《むか》えました）

玉井政雄

従軍《じゅうぐん》時代の玉井政雄《たまいまさお》様。
明治四十三（一九一〇）年三月二十五日生まれ。
享年《きょうねん》七十四。

＊応召《おうしょう》：在郷《ざいごう》軍人などが召集《しょうしゅう》に応《おう》じて軍務《ぐんむ》につくこと。

＊宣撫班《せんぶはん》：占領《せんりょう》地域《ちいき》の住民の心を安定させたり、協力を得たりすることを目的に、占領軍《せんりょうぐん》の方針《ほうしん》や目的を知らせたり、娯楽《ごらく》などをおこなったりするために派遣《はけん》された小部隊のこと。

＊下血《げけつ》：肛門《こうもん》から血液《けつえき》が排出《はいしゅつ》されること。

＊ベトナム戦争：第二次世界大戦後のインドシナ半島で起きた戦争。一九六〇年、共産主義《しゅぎ》・民族主義勢力《せいりょく》が南ベトナム解放《かいほう》民族戦線を結成し、北ベトナムの支援《しえん》を受けてベトナム共和国（南ベトナム）の独裁政権《どくさいせいけん》打倒《だとう》をめざした。南ベトナムを支援《しえん》するアメリカは六十五年に北ベトナムに大規模《きぼ》な空爆《くうばく》開始、戦争激化《げきか》。一九七三年、和平協定調印、アメリカ軍撤退《てったい》。その間、アメリカの戦争介入《かいにゅう》への反対運動が欧米《おうべい》を中心に展開された。一九七五年四月、南ベトナムが崩壊《ほうかい》し、翌《よく》年《ねん》南北ベトナム統一《とういつ》。

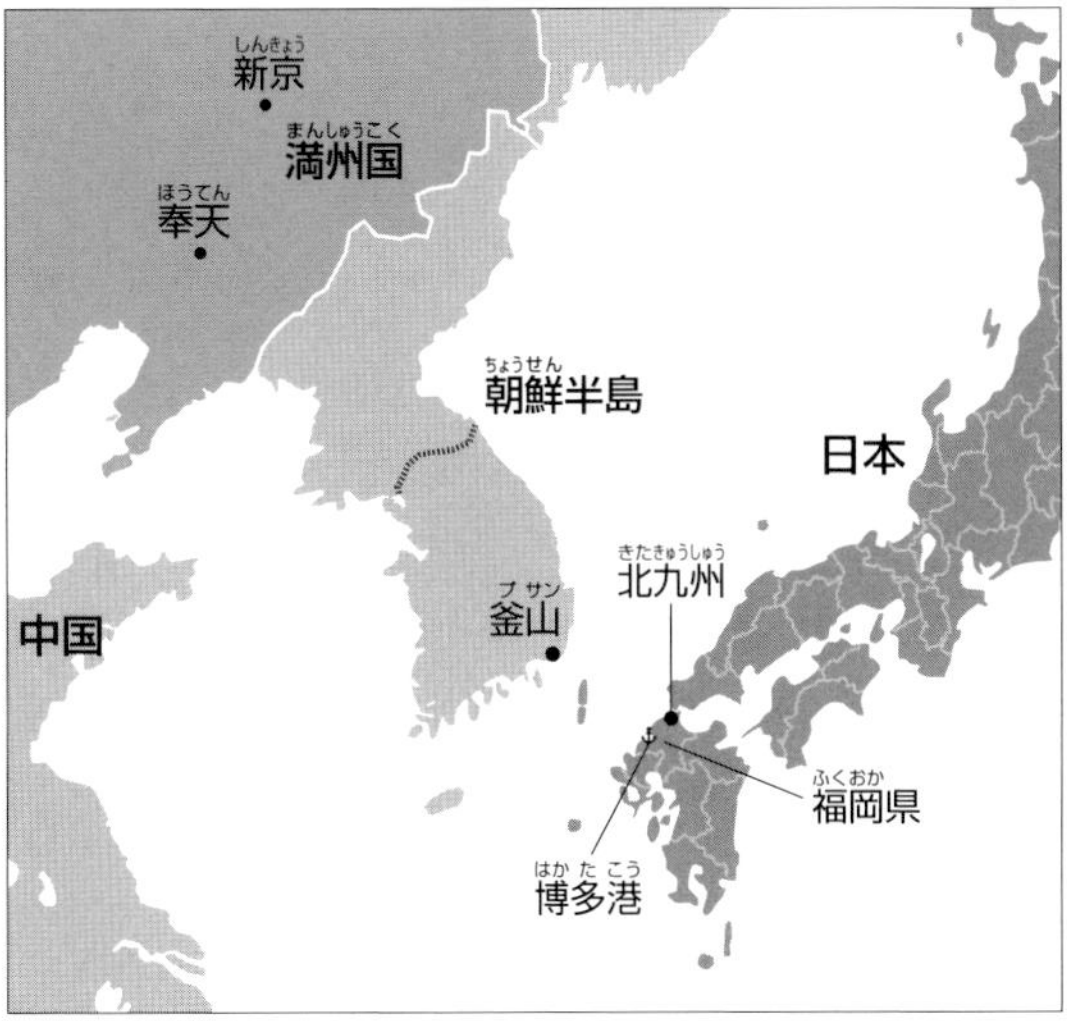
新京《しんきょう》
満州国《まんしゅうこく》
奉天《ほうてん》
朝鮮《ちょうせん》半島
日本
中国
釜山《ブサン》
北九州《きたきゅうしゅう》
福岡《ふくおか》県
博《はか》多《た》港《こう》

21

宮入恵《みやいりけい》（父・人間国宝 宮入行平《みやいりゆきひら》の八月十五日）

この企画《きかく》で聞き書きを進める中で、長崎県《ながさきけん》の宮崎孚爾《みやざきたかじ》様（↓22ページ）と、愛媛《えひめ》県の藤田義直《ふじたよしなお》様（↓62ページ）のお二人から、刀の話を伺《うかが》いました。
原稿《げんこう》をまとめる段階《だんかい》で、刀についての情報《じょうほう》に正確性《せいかくせい》を担保《たんぽ》するため、高倉《たかくら》と交流がございました刀鍛冶《かたなかじ》の宮入恵《みやいりけい》様に、詳細《しょうさい》をお伺いしました。
その際《さい》、同じく刀鍛冶であったお父様・人間国宝宮入行平《みやいりゆきひら》氏から、
「私の八月十五日」を聞いておられたならば、
原稿《げんこう》をご執筆《しっぴつ》いただけないでしょうかとお願いしたところ、
ご快諾《かいだく》いただきました。
日本刀の歴史に寄《よ》り添《そ》いながら、
お父様の戦時の複雑《ふくざつ》な思いを汲《く》み取られた、貴重《きちょう》なお話です。

炎《ほのお》に祈《いの》る

宮入恵

私の亡《な》き父、宮入行平《みやいりゆきひら》（前名昭平《あきひら》）は大正二（一九十三）年に、鍛冶屋《かじや》の息子《むすこ》として長野《ながの》県に生まれた。刀鍛冶《かたなかじ》を志《こころざ》した父は、昭和十三（一九三八）年、二十五歳《さい》で上京し、赤坂《あかさか》にあった栗原彦三郎《くりはらひこさぶろう》氏主宰《しゅさい》の日本刀鍛錬《たんれん》伝習所に入門した。翌《よく》十四年、第五回新作日本刀展《てん》において総裁名誉《そうさいめいよ》賞を受賞した。その後、昭和十八年の入隊《にゅうたい》まで、同展覧会《てんらんかい》で海軍大臣《だいじん》賞、文部大臣賞、最高名誉賞、文部大臣賞などを受けた。

入隊後、陸軍赤羽《あかばね》工兵隊となった時の様子を、「橋を架《か》けたり、爆弾《ばくだん》を仕掛《しか》けたりした」と父から聞かされたような気がする。その後、父は北海道の東、千島《ちしま》列島に向かう輸送船《ゆそうせん》への乗船待機中に呼《よ》び止められ、その任務《にんむ》を解《と》かれた。入隊直前に展覧会に出品した父の刀が賞を受け、軍部に伝えられたことがきっかけだった。兵隊としてではなく、刀を作ることで、国に尽《つ》くせとなったわけだ。

この戦争中、夥《おびただ》しい数の日本刀が作られた。軍刀《ぐんとう》または用命刀《ようめいとう》と呼《よ》ばれる、独《どく》特《とく》の形式を備《そな》えたものである。明治の*廃刀令《はいとうれい》により、一旦《いったん》は捨《す》て去られ、ごく数人の刀鍛治《かたなかじ》によって細々と守られてきた日本刀製作《せいさく》技術《ぎじゅつ》は、再《ふたた》び隆盛《りゅうせい》を見ることとなったのだ。

しかし、戦時中、父が作っていた刀は、ともすれば、〝戦《いくさ》〟に用いられる可能《かのう》性《せい》を秘《ひ》めたものだった。

父がその刀をどのような思いで作っていたか、親友の*研師《とぎし》に宛《あ》てた書簡《しょかん》に手《て》掛《が》かりを見つけることができる。

〝何年か前の今朝も大雪で、若《わか》いたっとい血で都の雪を赤くしたのも今日でした。（中略）私たちは一心に刀を作ってゆけばよいのです〟

かつて引き起こされた陸軍青年将校《しょうこう》のクーデター、二《に》・二《に》六《ろく》事件《じけん》（↓131ページ）を振《ふ》り返り、このように、「それでも作らざるを得ない」という父の気持ちが綴《つづ》られていた。

そして、終戦の日のことは、父の自著《じちょ》『刀匠《とうしょう》一代』（新人物往来社）に記述《きじゅつ》があった。当時、長野《ながの》の自宅《じたく》の鍛錬場《たんれんじょう》が陸軍の出張所となっており、その日、父は数名の兵隊と軍刀製作にあたっていた。

〝あん時は班長《はんちょう》以下みんな泣きましたね。みんな、これでもう日本がなくなっちまうような気がして、そりゃあもう悲愴《ひそう》なもんでしたよ。兵隊なんかと一緒《いっしょ》になって、二日も三日も泣いてたですよ。〟

次男である私は、遠回りしたが父と同じ道を歩むことになった。私が刀鍛冶になったばかりの頃《ころ》はまだ、軍刀製作に従事《じゅうじ》した方たちが多数残っており、お話しする機会があった。作刀について指導を受けたり、時には生意気な議論《ぎろん》を吹《ふ》きかけたりしたこともある。けれどもいくら私が熱く理想を語ろうとも、かなわない何かを感じていた。それは、自分の作った刀に人の命が託《たく》されたという事実からくるものだ。そして、どなたも時折、物悲しい目を見せた。それは、刀の鍛錬《たんれん》で炎《ほのお》に向かう時の、燃《も》えるような激《はげ》しい目ではなかった。

私は、父にも同じものを感じたことがあった。ぼーっと遠くを眺《なが》めるような表《ひょう》情《じょう》だ。壁《かべ》に寄《よ》りかかり、指で拍子《ひょうし》をとりながら軍歌を口ずさむ時や、薄暗《うすぐら》い鍛錬《たんれん》場《じょう》で、ただぽつんと座《すわ》っていた時など。それは、亡《な》き戦友と語らう時間だったのかもしれない。父が乗るはずだった輸送船《ゆそうせん》は、千島沖《ちしまおき》で米軍潜水艦《せんすいかん》の魚雷《ぎょらい》で沈没《ちんぼつ》し、全員が死亡《しぼう》していた。

戦後、父はGHQ《ジーエイチキュー》（↓142ページ）による作刀禁止《きんし》を受けた。八ヶ岳《やつがたけ》山中で開墾《かいこん》などをし、無念《むねん》の時を過《す》ごしたが、昭和二十八年、文化財《ざい》保《ほ》護《ご》法《ほう》のもとに再《ふたた》び日本刀製作《せいさく》に向き合った。そして五十歳《さい》で、重要無形文化財保持者《ほじしゃ》、いわゆる＊人間国宝に認定《にんてい》された。

刀鍛冶《かたなかじ》は、その立場も、技法《ぎほう》も、作る形式も、その時代背景《はいけい》が鏡のように映《うつ》し込《こ》まれている。現代《げんだい》は、日本刀が長い歴史の中で初めて、美術刀剣《びじゅつとうけん》として、より美しく、より華《はな》やかに表現《ひょうげん》することが求められる時代である。平和になったからこそ、文化としての作刀に専念《せんねん》できるようになったのだ。

私が刀鍛冶《かたなかじ》として日本刀を勉強し始めた頃《ころ》に見た軍刀は、その独特《どくとく》な姿《すがた》かたち、皮に包《つつ》まれた軍装《ぐんそう》も、どこか異様《いよう》に感じられた。時代の求めに応《おう》じたとはいえ、突如《とつじょ》生まれた鬼子《おにご》に思えた。

父は戦時中、刀作りによってその命を繋《つな》がれた。戦前も戦中も戦後も、時代の求めに応じ、一心不乱《ふらん》に刀を作り続けた。刀鍛冶の一念《いちねん》に何の違《ちが》いもないことを、今頃《いまごろ》になって気づかされた。

父の口癖《くちぐせ》は、「自分は刀のおかげで生き永《なが》らえた。刀のためなら命も惜《お》しくない」であった。その言葉通り、昭和五十二年、父は鍛錬場の炎の前で、心臓《しんぞう》発作を起こして亡《な》くなった。享年《きょうねん》六十四。

来年、私は父の寿命《じゅみょう》と並《なら》ぶ。

（父は八月十五日を三十二歳《さい》、長野《ながの》県坂城《さかき》町で迎《むか》えました）

宮入行平《みやいりゆきひら》様（毎日新聞社撮影）。
大正二（一九一三）年三月十七日生まれ。享年《きょうねん》六十四。

＊廃刀令《はいとうれい》：明治九（一八七六）年に公布《こうふ》された、大礼服着用者、軍人、警察官《けいさつかん》以外の帯刀（刀を身につけること）を禁止《きんし》した法律《ほうりつ》。

＊研師《とぎし》：日本刀の刃《は》を研《と》ぐ職人《しょくにん》のこと。日本刀は、刀鍛冶《かじ》が制作《せいさく》した刀身を研師が研ぎあげ、「はばき」をつくる白銀師《しろがねし》、鞘《さや》を作る鞘師《さやし》などの協力を得て仕上げられる。

＊人間国宝：重要無形文化財《ぶんかざい》保持者《ほじしゃ》の通称《つうしょう》。演劇《えんげき》、音楽、工芸技術《ぎじゅつ》、その他の無形の文化的遺産《いさん》で日本にとって歴史上・芸術《げいじゅつ》上価値《かち》の高い「無形文化財」のうち、さらに重要な「重要無形文化財」について、これらの技《わざ》を高度に体現《たいげん》する保持者や保持団体《だんたい》が「人間国宝」に認定《にんてい》される。

こぼれ話

高倉《たかくら》さんには、すべて見通されてます

高倉《たかくら》が生前よりお付き合いのありました刀鍛冶《かたなかじ》、宮入小左衛門《みやいりこざえもん》行平《ゆきひら》（本名・恵《けい》）様。二〇一四年十一月に高倉が他界したのち、高倉の所蔵《しょぞう》していた刀類を、長野《ながの》県埴科《はにしな》郡坂城《さかき》町にある「鉄の展示館《てんじかん》」へ寄《き》贈《ぞう》する際《さい》、ご尽力《じんりょく》くださいました。その後も、ご縁《えん》を繋《つな》がせていただき、折に触《ふ》れ、宮入様から高倉との思い出を伺《うかが》って参りました。

「僕《ぼく》に何か迷《まよ》いがあると、上（天）から何かが降《お》りて来て、諭《さと》してくれるんですよ。高倉さんは亡《な》くなったはずなのに、僕にとっては、むしろ存在感《そんざいかん》が以前より増《ま》していて、とても不思議に思うときがあります。鍛錬場《たんれんじょう》にいるときなど、『見てるからな、恵《けい》ちゃん』って、僕の背《せ》中《なか》を高倉さんが見ているように感じることが度々あります」。

今回、わたくしが、お父様・宮入行平《ゆきひら》様の戦争体験をお聞き及《およ》びではないかと、お電話差し上げたとき、宮入様は開口一番、「何なんですか？」と、とても驚《おどろ》いたご様子でした。お父上の終戦の日の記《き》憶《おく》を綴《つづ》っていただきたいとご説明する間も、戸《と》惑《まど》われているような、驚《おどろ》かれているようなご様子。これについて、宮入《みやいり》様はこうご説明くださいました。

「頼《たの》まれごとに関してということもあったんですが、実はちょうど昨日《きのう》、高倉《たかくら》さんとの思い出の本などを整理していたんです。そこへ、小田さんからの電話。ぎょっとして、思わず何なんですかという言葉になったんです。もう高倉さんには、すべて見通されてると観念《かんねん》してます」。

この偶然《ぐうぜん》が、原稿執筆《げんこうしっぴつ》のご協力を賜《たまわ》る決め手になりました。

「もう、これは断《ことわ》れないですよ。高倉さんの念《ねん》を感じますから」と、仰《おっしゃ》ってくださいました。

22
荒巻容子《あらまきようこ》
（父・荒巻十郎《あらまきじゅうろう》、母・静子《しずこ》の八月十五日）

荒巻容子《あらまきようこ》様は、高倉《たかくら》が通っていた歯科医院の歯科衛生士《えいせいし》さんでした。
先生の片腕《かたうで》としていつもテキパキと動かれ、お優《やさ》しい人柄《ひとがら》で、
多くの患者《かんじゃ》さんから信頼《しんらい》を集めておられました。高倉もその一人でした。
歯科医院の閉院《へいいん》に伴《ともな》いご退職《たいしょく》なさいましたが、
今でもお付き合いを続けさせていただいております。
今回の企画《きかく》をお伝えしましたところ、
荒巻様のご両親は終戦の日を台湾《たいわん》で迎《むか》えられていて、荒巻様は子どもの頃《ころ》、引揚《ひきあげ》後のご両親の心の機微《きび》を感じとっていらしたそうです。
お父様は五十年以上前に、お母様もすでに逝去《せいきょ》されていますが、
思い出を紡《つむ》ぎ、原稿《げんこう》にしてくださいました。

台湾《たいわん》で迎《むか》えた終戦

私の父、十郎《じゅうろう》は大正七（一九一八）年、大分《おおいた》県杵築《きつき》にある造《つく》り酒屋の十人兄弟の末《すえ》っ子として生まれました。早くに父を亡《な》くし、親代わりの兄の援助《えんじょ》で、大分高専《こうせん》卒業後、陸軍予備《よび》士官学校へ進みました。立身出世の道を軍人に見出したようです。

母は、大正十四年宮城《みやぎ》県仙台《せんだい》で生まれました。その父（祖父《そふ》）宮本能武《みやもとよしたけ》は、台湾総督府《たいわんそうとくふ》の警察官《けいさつかん》でしたので、母は、戦時中、台湾で過《す》ごしていました。当時、全国民に義務《ぎむ》づけられていた竹槍《たけやり》訓練を「竹槍なんかで戦争に勝てる訳《わけ》がない」と嫌《いや》がって逃《に》げていたという母。戦争が激化《げきか》する中、二十歳《さい》で、能武の独断《どくだん》で決められた相手、陸軍青年将校《しょうこう》となっていた父・十郎と結婚《けっこん》しました。

そして、父母ともに台湾で終戦を迎《むか》えたのです。十郎は終戦を知ると連隊旗《れんたいき》（日本陸軍の軍旗《ぐんき》）を焼き、母に「殉死《じゅんし》したい。お前は実家に帰ってほしい」と言ったとか。その母は「この人、何を言ってるんだろう？」と思ったそうです。

その時の母に対する父の思いや、戦争中のことについては、両親ともに話したがりませんでした。

終戦を迎《むか》え、将校から大尉《たいい》に階級は上がっていたものの、引揚《ひきあげ》のとき許《ゆる》されたのは、現金《げんきん》千円（今の貨幣価値《かへいかち》でどれほどになるのかわかりませんが）、そして手に持てるだけの荷物。それは、あまりにも惨《みじ》めだったと母から聞かされました。帰国後、新円切替《きりかえ》が行われ、持ち帰った現金は本当に少ない額《がく》になってしまったと、生活を任《まか》されていた母の嘆《なげ》きを聞かされたことがありました。

父は帰国後、就職《しゅうしょく》に奔走《ほんそう》。陸軍と繋《つな》がりのあった製鉄《せいてつ》会社に入社しましたが、引揚者だということは伏《ふ》せていたと聞きました。最初の勤務《きんむ》先は、八月六日の原《げん》爆《ばく》直後の広島。社宅《しゃたく》はあったものの食糧難《しょくりょうなん》で、戦争中ながら台湾《たいわん》ではあまり不自由しなかった母には、堪《こた》えたようです。その後は、北海道室蘭《むろらん》の工場へ転勤《てんきん》。台湾で暮《く》らした母には、辛《つら》い冬が待っていました。

荒巻容子

「海ゆかば」を聞くと、いつも涙《なみだ》していた父。早くに祖父《そふ》を亡《な》くしていたことで、希望する海軍には入れなかった悔《くや》しさがよぎっていたのかもしれません。企《き》業《ぎょう》戦士として猛烈《もうれつ》に働き詰《づ》め、五十一歳《さい》で急逝《きゅうせい》。父を送った母は、茶道を教え、八十三歳で天寿《てんじゅ》を全《まっと》うしました。

青春真っただ中を戦渦《せんか》に生きた両親から、「あなたたちは、ものの豊富《ほうふ》な時代に産まれて幸せだ」と言われて私は育てられました。

（荒巻十郎《あらまきじゅうろう》は八月十五日を二十七歳《さい》、静子《しずこ》は二十歳《さい》、台湾《たいわん》で迎《むか》えました）

荒巻十郎《あらまきじゅうろう》・静子《しずこ》様。十郎様は大正七（一九一八）年生まれ、享年《きょうねん》五十一。
静子様は大正十四（一九二五）年生まれ、享年《きょうねん》八十三。

23 築城則子《ついきのりこ》（母・山下敏子《やましたとしこ》の八月十五日）

築城則子《ついきのりこ》様は、一度途絶《とだ》えた「小倉織《こくらおり》」を昭和五十九（一九八四）年に復元再生《ふくげんさいせい》され、高倉《たかくら》の郷里《きょうり》とも近い福岡《ふくおか》県北九州《きたきゅうしゅう》市に工房《こうぼう》を開く染織《せんしょく》作家です。

染色や織《おり》に興味《きょうみ》がありましたわたくしが、高倉とご縁《えん》のありました北九州商工会議所の会頭利島康司《としまこうじ》様にご紹介《しょうかい》いただきました。

築城様からの第一声は、「私、昔から高倉健《けん》さんの大ファンでした！」

令和二年二月、新型コロナウイルス感染拡大《かんせんかくだい》の影響《えいきょう》で、銀座和光《ぎんざわこう》で四月に予定されていた作品展《てん》が延期《えんき》となり、「時間ができたので、書きますね。私、原稿《げんこう》早いの！」との約束通り、ご連絡《れんらく》の翌日《よくじつ》には、平成二十九年に亡《な》くなられたお母様の体験を仕上げてくださいました。

明日を信じて

母、山下敏子《やましたとしこ》は平成二十九（二〇一七）年十月に亡《な》くなりました。享年《きょうねん》八十九でした。せめて聞き書きができたらと思いますが、今となっては叶《かな》わず、私や妹の記憶《きおく》を頼《たよ》りに母の八月十五日を書きました。文中の「私」は母のことです。

私は大分県の津久見《つくみ》で生を受け、父親が言う「新天地を求めた」という意味もわからないまま朝鮮《ちょうせん》半島で育ちました。五男二女の長女として、京城《けいじょう》（現《げん》・韓国《かんこく》ソウル）の女学校に通っておりました。日韓併合《にっかんへいごう》というより、朝鮮の人と一緒《いっしょ》に日本にいるといったような気分でした。日常《にちじょう》の言葉も日本語でしたし、借家《しゃくや》を貸《か》したり商店を営《いとな》んだりする家業で、経済的《けいざいてき》にも恵《めぐ》まれ、活発に青春を謳歌《おうか》していたと思います。

昭和十九年頃《ごろ》から、なんとなく戦争がひどくなっていると感じ始めた気がします。戦火が広がり、着物や大切なものが危《あぶ》ないと、北部の田舎《いなか》へ疎開《そかい》させました。ところが二十年になって、ますます戦争の状態《じょうたい》が危《あや》うくなり、父は、母と私たち子どもを日本に帰らせることを決めました。父から疎開させた荷物を取りにいくよう言われ、私は従業員《じゅうぎょういん》一人を従《したが》えて北部へ向かいました（この街《まち》の名前が不明）。

遠足気分で知らない街にやってきた私に、突然《とつぜん》の「八月十五日」が降《ふ》ってきました。何、それ？　というのが正直な思い。「終戦、敗戦？　どうなるの？」と思いつつ、家族と離《はな》れている心細さがつのりました。早く帰らなくっちゃと荷物をまとめようとしても、環境《かんきょう》は一気に変化し、誰《だれ》もが他人のことなど構《かま》ってくれません。ともかく早く京城へ戻《もど》ろうとすると、*三十八度線は越《こ》えられない、移《い》動《どう》はできないと言われました。全く意味が分からないまま、周りの日本人から、「とにかくここはソ連領《りょう》になるから、若《わか》い娘《むすめ》は危険《きけん》。男の子のフリをしなさい」と髪《かみ》を短く切られ、着物をズボンへ着替《きが》えて過《す》ごしました。最初はすぐに何とかなるだろうと思っていましたが、三十八度線の恐《おそ》ろしさ、聞いたこともない「国の分断《ぶんだん》」など、情報《じょうほう》が入るたびに、このまま私はここにいるしかないのか、不安が広がるばかりでした。幸い周りの日本人たちが協力し合い、食事などには困《こま》りませんでしたが、息を潜《ひそ》めて生きることの苦しさに満《み》ちた生活が、半年ほど続いたように思います。

絶対《ぜったい》に家族の元へ帰りたい、という強い思いはあるものの、どうしたものかと思っていた時に、現地《げんち》の出版社《しゅっぱんしゃ》のアルバイト募集《ぼしゅう》を知り、応募《おうぼ》したところ、字が上手いと採用《さいよう》されました。出版《しゅっぱん》と言っても、仕事は共産党《とう》のチラシの*ガリ版《ばん》刷《ず》りでした。中国共産党が、朝鮮《ちょうせん》半島に共産主義《しゅぎ》を浸透《しんとう》させるための文章を、来る日も来る日も刷《す》りながら、いつどうやって脱出《だっしゅつ》するか、その方法を模索《もさく》していました。

終戦から一年が過《す》ぎ、朝鮮の人たちにとって「解放《かいほう》記念日」であり「お祝いの日」である八月十五日の到来《とうらい》が、これ以上は嫌《いや》だと思う私を、強く後押《あとお》ししてくれました。心許《こころゆる》せる年上の日本人に脱出する意思を伝えると、危《あぶ》ないからやめるよう忠告《ちゅうこく》されましたが、いつしか「私たちも一緒《いっしょ》に連れて行って」と頼《たの》まれました。数名で計画を進め、いよいよ実行する日が来ました。

昭和二十一年、もう秋風が立ち始めた頃《ころ》です。

捕《つか》まったときに疑《うたが》われないために、中国語、ハングル、日本語でそれぞれ書かれたチラシだけをリュックいっぱいに詰《つ》めて、着のみ着のまま、南へ向かって歩き始めました。案の定《じょう》、怪《あや》しい日本人のグループと見られて止められました。心の中では共産主義なんて真っ平ごめんと思いつつ、すかさず「共産主義万歳《ばんざい》！」と言ってチラシを配ると、「オー、同志《どうし》よ」と歓迎《かんげい》され、無事に通過《つうか》できました。三十八度線が近づいてきても、どこがその「線」か分かるはずもなく、軍隊が南北で睨《にら》み合っている場所がどうもそうらしいと思うだけでした。その延長《えんちょう》線上の、軍隊の気配がないところまで行き、もう大丈夫《だいじょうぶ》と思った時、さらばとばかりに私はチラシを北に向けて天高くまき散らしました。その、紙がハラハラと舞《ま》う様子は、一生忘《わす》れられないシーンです。

その後、皆《みな》でなんとか京城《けいじょう》までたどり着きましたが、日本人はほとんどいませんでした。父は家族を先に帰国させ、一年ほど資産《しさん》の売却《ばいきゃく》を試みながら私を待っていたようですが、叶《かな》わず帰国した後でした。

私は、家族の元へ、日本に帰りたい、その一心のみで生き抜《ぬ》き、終戦から一年半を過《す》ぎて、引揚船《ひきあげせん》に乗ることができました。引揚者の多くは、全てを失って帰国しゼロからの出発でしたが、自力で三十八度線を越《こ》えた時の解放感《かいほうかん》、「なんとかなった！」と思えた体験は、私を強くしてくれたと思います。

後年、映画《えいが》「風と共に去りぬ」の映画《えいが》の「明日は明日の風が吹《ふ》く」に頷《うなず》く私でした。

（八月十五日を十七歳《さい》、朝鮮《ちょうせん》半島北緯《ほくい》四十度近くの村で迎《むか》えました）

山下敏子《やましたとしこ》様。昭和三（一九二八）年一月三日生まれ。享年《きょうねん》八十九。

＊三十八度線：終戦後、日本軍が撤退《てったい》した朝鮮《ちょうせん》半島は、北をソ連、南はアメリカが占領《せんりょう》。分割《ぶんかつ》占領ラインが朝鮮半島中央部を横断《おうだん》する北緯《ほくい》三十八度線上に定められた。一九四九年、このラインを堺《さかい》とする北に北朝鮮、南に韓国《かんこく》が建国された。

＊ガリ版《ばん》刷《ず》り：ガリ版印刷《いんさつ》、謄写《とうしゃ》版印刷とも言う。特殊《とくしゅ》な加工をした紙を鉄筆《てっぴつ》でけずるように文字や絵をきざみ、そこへ印刷インキをすりこみ、にじみ出させる版画《はんが》の方法による印刷。

次回豫告
平和

絵／梅田正則

想いをつなぐ人

高倉健《たかくらけん》さんとの夢《ゆめ》の時間

梅田正則《うめだまさのり》（表紙絵・挿絵《さしえ》）

二十歳《はたち》でテレビの美術《びじゅつ》の世界に入った。
仕事に悩《なや》み、人生の歩みに迷《まよ》った時はいつも、
新宿にあった任侠映画《にんきょうえいが》名画館に行った。
スクリーンにはいつも、高倉健《たかくらけん》さんがいてくれた。
いつか、仕事でご一緒《いっしょ》したいと思った。
強い「想《おも》い」が、チャンスをくれた。
テレビドラマでご一緒《いっしょ》できたのである。
夢《ゆめ》の時間であった。
「想い」が叶《かな》った瞬間《しゅんかん》は忘《わす》れない。
今も「想い」は続いている。
高倉さんは憧《あこが》れの人で、息子《むすこ》ができたら、名前は「健」と決めていた。

かみさんに話すと、この子には重すぎると言われた。
一字足して「健《けん》太《た》」と名付けた。
その健太が五歳《さい》の時、高倉さんがオメガの腕《うで》時《ど》計《けい》をくださった。
十八歳になった息子に渡《わた》した。
彼《かれ》の大切な時、決断《けつだん》の時、いつも左腕《ひだりうで》に
高倉さんがいてくれる。

今回、小田《おだ》貴月《たか》さんから表紙画描《か》いてみ
ませんか、と声をかけてもらった。
高倉さんに褒《ほ》められたくて描いた。

「高倉さん！　これでいいですか！」

高倉《たかくら》さんがくださった腕時計《うでどけい》。文字盤《ばん》の裏《うら》に、「健《けん》太《た》様　高倉健」と刻印《こくいん》されている。

あとがき

「私の八月十五日」は、かけがえのない個人《こじん》の記憶《きおく》です。

終戦の日、年齢《ねんれい》も場所も環境《かんきょう》もまったく異《こと》なるご証言者《しょうげんしゃ》の方々の目に映《うつ》り、焼き付いた記憶。七十五年を経《へ》た今、そのお声に寄《よ》り添《そ》い、このような一冊《いっさつ》に纏《まと》めさせていただけたことは、何よりもわたくしの人生の大きな学びとなりました。

戦時中、思考を放棄《ほうき》させ、判断力《はんだんりょく》を奪《うば》い去るほどの緊張《きんちょう》と恐怖《きょうふ》を耐《た》え続けた人々は、一次情報《じょうほう》に接《せっ》することなど微塵《みじん》もあり得なかった状況《じょうきょう》下で、子は親を亡《な》くし、親は子を失い、戦友の死に際《さい》し、次は我《わ》が身と自らを重ねる日々を送られました。遺骨《いこつ》さえ戻《もど》らぬ悲しみを露《あらわ》にできない世間の抑圧《よくあつ》や、無事に復員《ふくいん》を果たしながら戦地での様子をご親族にすら語れない悶《もだ》えは、どちらも残酷《ざんこく》すぎる戦争の軛《くびき》です。

そして、平時の今、戦時中若《わか》くしてそのきらめく命を捧《ささ》げた方々を思うとき、儚《はかな》き命を花に託《たく》して詠《よ》まれたとも言われるこの歌が思い浮《う》かぶのです。

ひさかたの光のどけき春の日にしづ心なく花の散るらむ

紀友則《きのとものり》（～九〇五年／百人一首三十三番歌）

意訳《いやく》：寒さの厳《きび》しかった冬が去り、久しぶりに陽射《ひざ》し穏《おだ》やかな春の日となりました。
そのような良き日であるのに、桜の花は落ち着いた心もなしに散ってしまいます。
もっとゆっくり咲《さ》いてほしいと願うのに。散るのが早過《はやす》ぎませんか……

二〇一九年十一月、わたくしのインタビューは北海道札幌《ほっかいどうさっぽろ》から始まりました。年が明けると、二〇一九年末に中国で特定された新型コロナウイルスの猛威《もうい》が報《ほう》道《どう》され、瞬《また》く間に世界的感染拡大《かんせんかくだい》（パンデミック）を引き起こしました。感染阻《そ》止《し》のため、世界中の主要《しゅよう》都市や国境《こっきょう》が封鎖《ふうさ》され、日常生活が大きな制約《せいやく》を受けた結果、世界経済《けいざい》が未曾有《みぞう》の打撃《だげき》を受けています。治療薬《ちりょうやく》やワクチンの早期開発が望《のぞ》まれる中、収束《しゅうそく》に向けて市民への外出制限《せいげん》が広く呼《よ》びかけられました。わたくしも、一期一会《いちごいちえ》を一期一聴《いっちょう》の電話インタビューに切り替《か》えました。ご証言者《しょうげんしゃ》の表情《ひょうじょう》をくめない分、それまで以上に、その方の目となり、耳となろうと心掛《こころが》けました。「バッワ〜ン」「ドカーン」「ウ〜〜〜ウ〜〜〜」「コツコツ、コツコツ」「父ちゃ〜〜〜ん、父ちゃ〜〜〜ん」「ばんざ〜い、ばんざ〜い」。音や声、色や臭《にお》い混《ま》じりの疑似《ぎじ》体験を書き留《と》めていきました。

　戦時には、生きるために欠かせない井戸《いど》水は家の外に汲《く》みに行き、汲み取り式のトイレの多くは母屋《おもや》の外に作られていて、風呂《ふろ》の燃料《ねんりょう》の薪《まき》は山に取りにいき、灯火管制《かんせい》で暗い生活でした。そうして迎《むか》えた終戦の日、多くの大人が失意に泣く一方で、これからは、夜、電気を点《つ》け明るい生活が送れると喜んだ婦女子《ふじょし》のなんと多かったことでしょうか。今日《こんにち》、雨露《あまつゆ》をしのげ、暑い寒いを乗り切るエアコンの設備《せつび》が整い、電気やガス、水道が敷設《ふせつ》されていることが、どれほど贅沢《ぜいたく》であるのかを振《ふ》り返る機会となりました。

わたくしは、この本の制作《せいさく》期間が、生活における価値観《かちかん》の大転換《てんかん》を迫《せま》られたコロナ禍《か》に重なりましたことを、意味のある偶然《ぐうぜん》の一致《いっち》ととらえました。
高倉《たかくら》が語った「諸行無常《しょぎょうむじょう》」です。

　この度、高倉が終生貫《つらぬ》いた平和への祈《いの》りを、わたくしが受け継《つ》ぎ、微力《びりょく》ながら次世代への橋渡《はしわた》しができたならとの思いで、このプロジェクトに関わりました。
わたくしの突然《とつぜん》の申し入れを前向きに受け止めてくださいました今人舎会長稲葉《いなば》茂勝《しげかつ》様、社長中嶋舞子《なかしままいこ》様、デザインの高橋博美《たかはしひろみ》様をはじめとするスタッフの皆《みな》様、たいへんお世話になりました。

　実働半年、二三組（二四名）の方々のご証言の収録《しゅうろく》活動は、北海道《ほっかいどう》から鹿児島《かごしま》まで、高倉ゆかりの地を辿《たど》るものでした。今しかできないプロジェクトに向き合い、勇気を出して一つひとつの扉《とびら》を叩《たた》きました。そして、幸運なことに、不慣《ふな》れなわたくしを、ご縁《えん》をいただいた多くの方々が支《ささ》えてくださいました。

ご協力をいただきましたみなさまに、改めて感謝《かんしゃ》をお伝え申し上げます。
どうもありがとうございました。

――今ここに生かされていることへの感謝と
穏《おだ》やかな心持ちで他者を想《おも》う世が続くことを願います
かけがえのない毎日がいとおしい日々となりますように――

小田《おだ》貴月《たか》

ご証言者《しょうげんしゃ》以外のご協力者一覧《いちらん》

ちばてつや様／㈲ちばてつやプロダクション／箕浦勉様／杉浦安菜様／青木一夫様／田中和子様

藤田法恵様（長崎県平戸市観光課）／辻田正美様（平戸茂右ヱ門窯）

志子田正則様（(公)通信文化協会　北海道地方本部事務局長）

堀井英喜様（(公)通信文化協会　北海道地方本部「北のゆう」編集長）／岡田一夫様

柚山恒夫様／柚山ていこ様／佐藤洋子様／篠原重人様（鹿児島県垂水市漁業協同組合　筆頭理事）

篠原三知代様／川畑興治様／川畑和子様／和田健太様／和田志保子様／和田民子様

瀬戸山功郎様（垂水市立松ヶ崎小学校校長）／岸下純弘様（鹿児島県立鹿児島水産高校元校長）

瀬角龍平様（鹿児島県文化財保護指導委員）／宮越精一様（カフェノエル）／宮越純子様（カフェノエル）

宮越康介様（カフェノエル）／楢崎美保子様（スタジオモザイコ主催）／中田寿子様

利島康司様（北九州商工会議所会頭　＆㈱安川電機特別顧問）

齊藤千鶴子様（北海道立近代美術館　主任学芸員）／伊藤正巳様／伊藤照子様

年表（本文に関係する出来事は【　】で該当《がいとう》ページを示《しめ》した）

年	月	出来事
昭和4年（1929年）	10月	24日、アメリカ・ニューヨークの証券《しょうけん》取引所で株価《かぶか》が大暴落《だいぼうらく》これをきっかけに、世界的に経済《けいざい》が低迷《ていめい》（世界恐慌《きょうこう》）
昭和6年（1931年）	9月	18日、中国東北部（満州国《まんしゅうこく》）に進出していた日本軍《にほんぐん》（関東軍《かんとうぐん》）が、奉天郊外《ほうてんこうがい》の柳条湖《リウティアオフー》で南満州鉄道の線路を爆破《ばくは》（柳条湖事件《じけん》）これをきっかけに日本は中国との対立を深める（満州事変）
昭和7年（1932年）	3月	1日、日本が「満州国《まんしゅうこく》」【33・40】の建国宣言《けんこくせんげん》発表（ただし中国をはじめ各国は、満州国の実態《じったい》は、日本があやつっている、形だけの傀儡《かいらい》国家だとして承認《しょうにん》せず）
昭和8年（1933年）	3月	27日、日本、国際連盟脱退《こくさいれんめいだったい》を通告
昭和12年（1937年）	7月	7日、北京郊外《ペキンこうがい》の盧溝橋《ルーコウチアオ》で日本軍と中国軍が衝突《しょうとつ》（盧溝橋事件《じけん》）日中戦争に発展《はってん》　中国では毛沢東《マオツォトン》率《ひき》いる中国共産党《とう》と、蒋介石《チャンチェシー》率いる中国国民党が協力して日本軍に抵抗《ていこう》
昭和13年（1938年）	4月	日本で国家総《そう》動員法公布《こうふ》資金《しきん》や資材《しざい》、労働力を国が自由に使える体制《たいせい》がつくられる
昭和14年（1939年）	9月	ヒトラー率《ひき》いるドイツが隣国《りんごく》のポーランドに侵攻《しんこう》イギリス、フランスがドイツへ宣戦布告《せんせんふこく》　第二次世界大戦開始
昭和15年（1940年）	6月	イタリアがイギリス、フランスに宣戦布告《せんせんふこく》し、ドイツ側（枢軸《すうじく》国《こく》）として参戦 第二次世界大戦が、ヨーロッパ全体をまきこむ大規模《だいきぼ》な戦争となる
	9月	27日、日本、ドイツ、イタリアが三国同盟《どうめい》調印
	10月	12日、日本で大政翼賛会《たいせいよくさんかい》（国民を戦争に協力させるための全国組《そ》織《しき》）発足
昭和16年（1941年）	4月	13日、日本、北方の安全を確保《かくほ》するためソ連と日ソ中立条約《じょうやく》調印
	6月	22日、ドイツが独《どく》ソ不可侵条約《ふかしんじょうやく》をやぶり、ソ連に侵攻《しんこう》
	7月	28日、日本軍、南部フランス領《りょう》インドシナに進駐《しんちゅう》
	12月	8日、日本軍、ハワイの真珠湾《しんじゅわん》を攻撃《こうげき》、アメリカ、イギリス、オランダに宣戦布告《せんせんふこく》。太平洋戦争開戦【17・23・127】ヨーロッパで始まった第二次世界大戦が、日本、ドイツ、イタリアを中心とした枢軸国《すうじくこく》と、アメリカ、イギリス、フランスなどの連合国を中心とした世界規模《きぼ》の戦争となる 9日、中国国民党政府《とうせいふ》、日本、ドイツ、イタリアに宣戦布告《せんせんふこく》
昭和17年（1942年）	1月	日本がフィリピンの首都マニラを占領《せんりょう》【21】
	6月	5日、中部太平洋でミッドウェー海戦、日本の連合艦隊《れんごうかんたい》が敗北《はいぼく》
昭和18年（1943年）	4月	山本五十六、パプアニューギニア・ブーゲンビル島上空で戦死【26・29】
昭和19年（1944年）	6月	19日、北東大西洋でマリアナ沖《おき》海戦、日本の連合艦隊《かんたい》が敗北
	10月	フィリピン周辺でレイテ沖《おき》海戦、日本の連合艦隊《かんたい》が敗北《はいぼく》【118】 アメリカ軍フィリピンに上陸【18】
	11月	24日、アメリカ軍の爆撃機《ばくげきき》B《ビー》29が東京《とうきょう》を初空襲《くうしゅう》
	年末	アメリカ軍による日本の本土空襲《くうしゅう》が本格化《ほんかくか》
昭和20年（1945年）	3月	10日、東京《とうきょう》大空襲《くうしゅう》、推定《すいてい》10万人が亡《な》くなる【56】東京への空襲は100回以上《いじょう》を数えた
	4月	1日、アメリカ軍《ぐん》、沖縄《おきなわ》本島へ上陸開始 7日、九州南方海上で坊ノ岬沖《ぼうのみさきおき》海戦（沖縄特攻《おきなわとっこう》）日本の連合艦隊《かんたい》敗北　戦艦大和沈没《せんかんやまとちんぼつ》
	5月	11日、神戸《こうべ》市大空襲《くうしゅう》【138】神戸市はこのほか3月、7月などの空襲で市の大半が焼失
	6月	17日、深夜、鹿児島《かごしま》大空襲《くうしゅう》【87】 23日、沖縄《おきなわ》の日本軍《にほんぐん》トップ牛島満《うしじまみつる》司令官自決　アメリカ軍、沖縄を占領《せんりょう》　沖縄戦終結　しかし、その後も単発的な戦闘《せんとう》が続き、多くの人が亡《な》くなった
	7月	14日、青森《あおもり》で空襲《くうしゅう》、陸奥湾《むつわん》で青函連絡船《せいかんれんらくせん》十二隻《せき》が被害《ひがい》を受ける【123】 26日、連合国がポツダム宣言《せんげん》発表　日本に無条件降伏《むじょうけんこうふく》を求める深夜、松山《まつやま》大空襲《くうしゅう》【64】 28日、青森《あおもり》大空襲《くうしゅう》【124】
	8月	6日、広島に原子爆弾《ばくだん》投下【60】 8日、ソ連が対日宣戦布告《せんせんふこく》 9日、長崎《ながさき》に原子爆弾《ばくだん》投下 9日、ソ連《れん》が参戦、満州《まんしゅう》、朝鮮《ちょうせん》、樺太《からふと》、千島《ちしま》に侵攻《しんこう》【34・151・171】 14日、日本、ポツダム宣言受諾《せんげんじゅだく》を決定 15日、日本、正午に戦争終結の詔書《しょうしょ》の玉音《ぎょくおん》放送　無条件降伏《むじょうけんこうふく》
	9月	2日、日本、東京湾《とうきょうわん》の戦艦《せんかん》ミズーリ号艦上《かんじょう》で降伏《こうふく》文書に調印

さくいん

※おもに本文中の脚注《きゃくちゅう》で説明した言葉を拾っています。

編集《へんしゅう》後記

テレビを通してではない高倉健《たかくらけん》様の声を聞くのは、それが初めてでした。二〇一四年八月二十二日、編集部《へんしゅうぶ》に届《とど》いた、MD《エムディー》ディスクを再生《さいせい》した時のことです。

「日本が戦争に負けたらしいばい。高倉健」

「にほん」ではなく「にっぽん」。お名前の前に、長めの間《ま》がありました。依頼《いらい》から二週間足らずで届いた「健さん」のお声。編集部中が驚《おどろ》きと喜《よろこ》びで騒然《そうぜん》となりました。

その年、私たちは、「8・15朗読《ろうどく》・収録《しゅうろく》プロジェクト」と名付けて、終戦の日の記《き》憶《おく》を文や絵でまとめた「私の八月十五日」シリーズの刊行《かんこう》を開始。同時に証言者《しょうげんしゃ》本人の朗読音声を録音《ろくおん》し、紙面にかざすと音声を再生できる鉛筆《えんぴつ》型の「音筆《おんぴつ》」に入れて、各所へ寄贈《きぞう》する計画を進めていました。高倉様の音声も音筆に格納《かくのう》。ところが十一月十日、高倉様がご逝去《せいきょ》。三ケ月前、どんなお気持ちで朗読してくださったか。この活動の意義《いぎ》と私たちに残された時間の短さを、社員の誰《だれ》もが痛感《つうかん》しました。

それから五年経《た》った二〇一九年十月二十四日、東京都で二番目に小さな市、国立市

編集後記

で開催《かいさい》された「*平和首長《しゅちょう》会議国内加盟《かめい》都市会議総会《そうかい》」の会場で、私たちは音筆を使って「私の八月十五日パネル展《てん》」を実施《じっし》しました。一〇一名分の「終戦の日の記憶《きおく》」を展示《てんじ》し、高倉様の証言も、来場した多くの人の心に平和を訴《うった》えました。

シリーズ第八巻《かん》目にあたる本書は当初、これまでの一五〇名以上の証言をまとめた「総集編」とする計画でしたが、小田貴月《おだたか》様より、思いがけずもありがたいご執筆《しっぴつ》のお申し出をいただきました。小田様のすばらしい行動力と聴《き》く力、多方面へのお気遣《きづか》いと「高倉健の平和への願いを形にしたい」という強い思いを受けて、ご協力者様があれよあれよと増《ふ》え、とても総集編一冊《さつ》には収《おさ》まりきらなくなりました。

折しも、新型コロナウイルスの影響《えいきょう》で、広島市で開催《かいさい》される平和首長会議総会《そうかい》が一年延期《えんき》に。私たちは総集編刊行《かんこう》を来年に延期し、小田様の本単独《たんどく》で「戦後七十五年・平和祈念号」とすることを決定しました。よって今後も、活動を続けていく所存《しょぞん》です。

小田貴月様をはじめ、ご協力くださったすべての方に心からお礼を申しあげます。

二〇二〇年六月

株式会社今人舎《いまじんしゃ》　編集部・中嶋舞子《なかしままいこ》

＊広島《ひろしま》・長崎《ながさき》両市の呼《よ》びかけで設立《せつりつ》。世界一六四ケ国、国内では全自治体の九九・五％を超《こ》える一七三三自治体が加盟《かめい》。

4 戦後七十一年目の証言

編／8・15朗読・収録
プロジェクト実行委員会
B5並製、120P
本体1,500円

表紙絵／柳田邦男
「1945年7月12日
鹿沼空襲」

ご寄稿者：瀬戸内寂聴、
三浦朱門、森村誠一、
柳田邦男、志茂田景樹
ほか計18名

5 戦後七十二年目の証言

編／8・15朗読・収録
プロジェクト実行委員会
B5並製、144P
本体1,800円

表紙／ちばてつや
加藤登紀子
「ここは私の街だから」
に寄せて

ご寄稿者：江崎玲於奈、
コシノヒロコ、
鳥越俊太郎、安藤忠雄、
加藤登紀子　ほか計22名

6 戦後七十三年目の証言

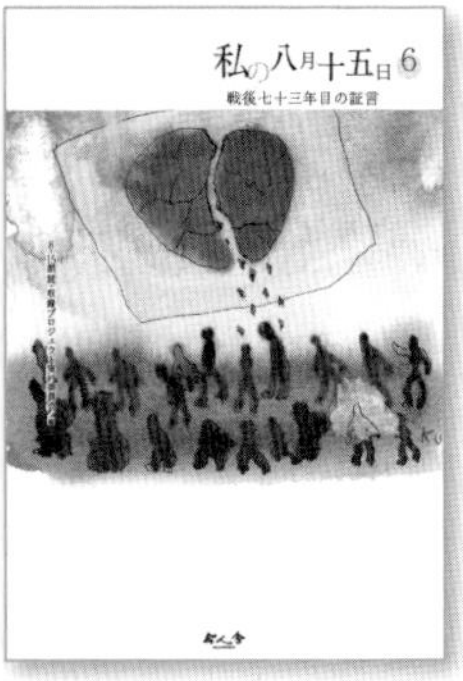

編／8・15朗読・収録
プロジェクト実行委員会
B5並製、144P
本体1,800円

表紙／黒田征太郎
大島渚
「パパの戦争」に寄せて

ご寄稿者：森本貞子、
植木馨、大塚初重、
無着成恭、赤松良子、
川島敦子、サーロー・
セツコ　ほか計12名

7 戦後七十四年目の証言

編／8・15朗読・収録
プロジェクト実行委員会
B5並製、144P、本体
1,800円

表紙／吉澤みか
藤田信子
「ミンダナオのジャングル
の中で」に寄せて

ご寄稿者：澤地久枝、
曽野綾子、井出孫六、
山本富士子、アントニオ
古賀　ほか計19名

絵本

児童文学作家と漫画家がタッグを組んだ、戦争について調べるきっかけになる絵本シリーズ。巻末資料つき。　21cm × 24cm　24ページ　本体1,400円

三月十日の朝

作／**最上一平**
絵／**花村えい子**

太一さんの戦争

作／**丘　修三**
絵／**ウノ・カマキリ**

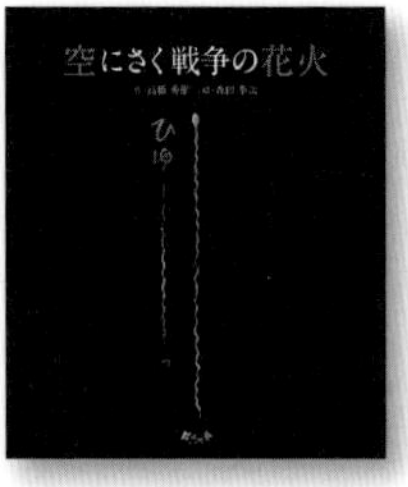

空にさく戦争の花火

作／**高橋秀雄**
絵／**森田拳次**

くつの音が

作／**あさのあつこ**
絵／**古谷三敏**

著／小田貴月（おだ たか）

1964年、東京生まれ。女優を経て、海外のホテルを紹介するテレビ番組のディレクター、プロデューサーに。1996年、香港で高倉健と出会う。2013年、高倉健の養女に。現在、高倉プロモーション代表取締役。著書に『高倉健、その愛。』『高倉健の美学』（ともに文藝春秋）がある。

表紙絵・挿絵／梅田正則（うめだ まさのり）

1948年、新潟生まれ。テレビ・映画美術監督。テレビドラマ『北の国から』『踊る大捜査線』『ロングバケーション』『これから～海辺の旅人たち～』（主演：高倉健）『若者たち 2014』ほか数多くの作品の美術監督をつとめる。

絵手紙／箕浦尚美（みのうら なおみ）

1958年、北海道生まれ。2000年、日本絵手紙協会公認講師を取得。国際親善協会主催ジャパンウィーク（2007年ポーランド、2008年フランス）に参加。2014年、日本郵便株式会社社長表彰。現在、朝日カルチャー他7教室で絵手紙講師を務める。

写真（腕時計）／梅田健太（うめだ けんた）

1985年、東京生まれ。東京造形大学卒、写真家・編集者。高倉健写真集「独白」の撮影をした高梨豊に師事。梅田正則は父。

■企画／8・15朗読・収録プロジェクト実行委員会

日本漫画家協会「私の八月十五日の会」に敬意を払いながら、より多くの方々に対し、「昭和二十年八月十五日」の記憶についての寄稿、文章の朗読を依頼し、肉声の収録をおこなう委員会。

http://www.imajinsha.co.jp/s20pj/0815project_index.html

■編集・制作／
こどもくらぶ

■デザイン／
高橋博美（こどもくらぶ）

高倉健の想いがつないだ人々の証言「私の八月十五日」

2020年7月15日　第1刷発行

著　小田貴月
発行者　中嶋舞子
発行所　株式会社 今人舎　〒186-0001 東京都国立市北 1-7-23
TEL 042-575-8888　FAX 042-575-8886
nands@imajinsha.co.jp　http://www.imajinsha.co.jp
印刷・製本　瞬報社写真印刷株式会社

ISBN978-4-905530-92-3　NDC916　192P　210×148mm　Printed in Japan